GU01019459

équipe

2

livre de l'étudiant

Danièle Bourdais
Sue Finnie
Anna Lise Gordon

OXFORD
UNIVERSITY PRESS

OXFORD
UNIVERSITY PRESS

Great Clarendon Street, Oxford OX2 6DP

Oxford University Press is a department of the University of Oxford.
It furthers the University's objective of excellence in research,
scholarship, and education by publishing worldwide in

Oxford New York

Auckland Bangkok Buenos Aires Cape Town Chennai
Dar es Salaam Delhi Hong Kong Istanbul Karachi Kolkata
Kuala Lumpur Madrid Melbourne Mexico City Mumbai Nairobi
São Paulo Shanghai Singapore Taipei Tokyo Toronto

and associated company in Berlin

Oxford is a registered trade mark of Oxford University Press
in the UK and in certain other countries

British Library Cataloguing in Publication Data

Data available

ISBN 0 19 912352 7

10 9 8 7 6 5 4 3 2 1

Printed in Spain by Edelvives, Zaragoza

Acknowledgements

The publishers would like to thank the following for permission to
reproduce photographs:

Main Cover image is by Corbis Images/Buddy Mays
Inset is by Martin Sookias

AFP/George Gobet: p.131 (top right); Anthony Blake Photo Library/Alan
Newnham: p.62 (top right); Dick Capel Davies: p.34 (bottom left); Corbis
Images/Jonathan Blair: pp.34 (bottom middle left), 81 (top right); Corbis
Images/Michael Boys: p.62 (bottom); Corbis Images/Nicole Duplaix: p.131
(bottom left); Corbis Images/Kevin Fleming: p.76 (top left); Corbis
Images/Owen Franken: pp.34 (top right), 62 (right), 95, 131 (top left);
Corbis Images/Earl Kowall: p.34 (top middle right); Corbis Images/Gail
Mooney: p.34 (top left); Corbis Images/The Purcell Team: p.131 (middle
right); Corbis Images/ Neil Rabinowitz: p.119; Corbis Images/Jenny
Woodcock/ Reflections Photo Library: p.27; Corbis Images/Michael S
Yamashita: p.31 (bottom); Corel Corporation: pp.18, 19 (bottom), 22 (top
middle), 34 (bottom middle right), 61 top left), 62 (left), 64 (left), 76 (right),
81 (top left), 81 (middle right), 104 (bottom), 118 (top & top middle);
Dieppe Tourist Board: pp.6 (top), 34 (top middle left), 34 (bottom right), 41,
104 (top), 114 (top middle, right & bottom); Gamma: p.64 (bottom);
Gamma/Gaillard: p.131 (middle left); Gamma/Stephane Husain: p.61
(bottom left); Sally & Richard Greenhill: p.129; The Image Bank: pp.42, 94; :
Images of India/N Sharma/PPA: p.64 (top); The Kobal Collection: p.124;
The Kobal Collection/Marie W Wallace: p.22 (middle left); Musée de la
Mode et du Textile: p.19 (top and middle); P & O Stena Line
Communications: p.78; Pearson Television: p.22 (middle and bottom right);
Corbis/Hulton Deutsch Collection: p.31 (top); The Royal Aeronautical
Society: p.81 (bottom left); David Simson: pp.51 (top), 68, 76 (bottom), 103;
Frank Spooner/Paul Nightingale: p.131 (bottom right); The Stockmarket
Photo Agency: p.57; Sygma: p.133; Sygma/G D'Aboville: p.81 (bottom
right); Sygma/O Baumgartner: p.61 (top middle left), Sygma/B Bisson: p.22
(top right); Sygma/T Orban: p.61 top right); TF1: p.22 (top left, middle
right, bottom middle); TF2: p.22 (bottom left). All other photography is by
Martin Sookias

The illustrations are by Martin Aston pp.15, 16, 25, 36, 37, 39, 45, 55, 91, 99,
100, 120, 121, 136, 137, 138 143, Kessia Beverley-Smith pp.24, 28, 37, 40, 45,
50, 53, 63, 65, 68, 73, 77, 80, 87, 92, 93, 94, 101, 106, 111, 113, 117, 130, 138,
143, Clive Goodyer pp.31, 72, 107, 134, Nicky Dupays pp.72, 113, 136,
Melvyn Evans p.101, Matt Fenn pp.11, 13, 17, 69, 75, Stuart Harrison p.26,
Nick Hawken pp.102, 122, Malcom Livingstone pp.13, 23, 65, 147, Colin
Mier pp.11, 52, 73, 88, 128, 129, 134, Ohn Mar Win pp.75, 79, Rosemary
Woods p.83, Kathy Wyatt pp.48, 49, 82, 121

The authors would like to thank the following people for their help and
advice: Julie Green (course coordinator), Ann Miller (course consultant),
Geneviève Talon (language consultant), David Buckland, M. et Mme
Bourdais

The publisher and authors would also like to thank Michel Agodi, Directeur
de Tourisme, Dieppe; Geneviève Tavernier and her colleagues at Collège
Georges Braque, Dieppe; M. Dubufresnil at Espace Elysées, Dieppe; Mme
Annie Ferrand at SNCF Dieppe; Marion Baillot, Jean-Christophe Lanoix,
François Leroy, Anne le Quéré; Elsa Boillet, Stéphane Chaumier, Thomas
Emont, Hugo Kaïci, Pierre Sans-Jofre, Marie Tavernier, Gauthier Vespier; les
familles Lanoix et Sans-Jofre; Jupiter Lanoix; pupils of Matthew Arnold
School, Oxford

The publishers would like to thank the following for permission to
reproduce copyright material: M. Pierre Gamarra for Le ski, p.53.

Every effort has been made to contact copyright holders of material
reproduced in this book. Any omissions will be rectified in subsequent
printings if notice is given to the publisher.

A catalogue record for this book is available from the
British Library.

Liste d'instructions

Here are some of the instructions you will need to understand in Équipe.

Adapte .... *Adapt ...*

Apprends par cœur .... *Learn by heart.*

Attention! .... *Watch out!*

Avant de lire .... *Before reading ...*

Ça se dit comment, ... ? .... *How do you say ... ?*

C'est qui? .... *Who is it?*

Cherche .... *Look for ...*

Choisis .... *Choose ...*

Coche .... *Tick.*

Complète (la grille) .... *Fill in (the grid).*

Décris .... *Describe ...*

Demande .... *Ask ...*

Dessine .... *Draw ...*

Devine .... *Guess ...*

Dis .... *Say ...*

Écoute .... *Listen.*

Écoute la cassette pour vérifier .. *Listen to the cassette to check.*

Écris .... *Write ...*

Enregistre .... *Record ...*

Fais une liste .... *Make a list.*

Fais un sondage .... *Do a survey.*

Ferme le livre .... *Shut the book.*

Invente .... *Make up ...*

Joue .... *Play ...*

Lis .... *Read ...*

Mets .... *Put ...*

Note .... *Note down ...*

Pose des questions .... *Ask questions.*

Pourquoi? .... *Why?*

Prends (des notes) .... *Take (notes).*

Quel(le) ? .... *What ... ?*
Which ... ?

Qui? .... *Who?*

Qui dit quoi? .... *Who is saying what?*

Recopie .... *Copy out ...*

Réécoute .... *Listen again.*

Regarde .... *Look at ...*

Relie (les phrases) .... *Match up (the sentences).*

Relis .... *Read again.*

Remets dans l'ordre .... *Put in the right order.*

Remplace .... *Replace ...*

Réponds aux questions .... *Answer the questions.*

Travaille .... *Work ...*

Trouve .... *Find ...*

Vérifie .... *Check ...*

Vrai ou faux? .... *True or false?*

Useful classroom language

Could you say that again, please? .... Répétez, s'il vous plaît.

How do you pronounce it? ... Ça se dit comment?

How do you say "x" in French? .... Ça se dit comment "x" en français ?

How do you spell it? .... Ça s'écrit comment?

I don't understand .... Je ne comprends pas.

What activity is it? .... C'est quelle activité?

What page is it on? .... C'est à quelle page?

Table des matières

Bienvenue!

La belle équipe, c'est quatre amis de la rue des Lilas, à Dieppe.

Je m'appelle Martin Berthault. J'ai 14 ans. Mes parents habitent à Dieppe, mais ils sont divorcés. J'habite avec mon père et mon frère. Mes passe-temps préférés? Le sport et la musique.

Je m'appelle Antoine Duprès. J'ai 14 ans. J'habite rue des Lilas, à Dieppe, avec mes parents, mon frère et ma sœur. Mon passe-temps préféré? C'est la musique.

Je m'appelle Nathalie Delacroix. J'ai 13 ans. J'ai une sœur, un frère, deux chats et un chien, Dingo. J'habite rue des Lilas. Mon passe-temps préféré? Les jeux vidéo.

Je m'appelle Karima Nedjam. Je suis de Marseille. J'habite maintenant à Dieppe. J'ai 13 ans. Mon père est tunisien. Ma mère est française. J'aime la natation et les animaux.

Jasmine Fournier, c'est une copine de Martin, Antoine et Nathalie. Maintenant, elle habite à Montréal, au Canada, avec son père.

Et voici Dingo, le chien de Nathalie!

Here are the symbols and features you will meet in Équipe, and what they mean.

[cassette] listen to the cassette with this activity

[partner] work with a partner   [group] work in a group

[DI] use a dictionary for this activity

Zoom sur...

an explanation of how French works

000 refer to this page in the grammar section at the back of the book

Encore!

something extra to do, to back up what you have learned

En plus ...

something extra to do, to extend what you have learned

Expressions-clés

useful expressions

Interlude

a song or fun activity

You will learn how to ...

✓ a menu of what you will learn on these two pages

Ça se dit comme ça!

pronunciation practice

Guide pratique

ideas and tips to help you learn more effectively

Dictionnaire

ideas and tips on using a dictionary

En équipe

group project work at the end of each unit

Équipe-Magazine

reading practice at the end of each unit

Tu sais ... ?

a checklist of the things you have learned in the unit

La belle équipe

Épisode 1

Nathalie: C'est triste sans Jasmine!
Antoine: Oui, c'est triste.
Nathalie: On va en ville avec Dingo?
Martin: Oui, bonne idée! Je voudrais acheter un sweat pour la boum de samedi.

Karima: Salut, Nathalie. Ça va? Bonjour, Dingo! J'adore ce chien!
Nathalie: Martin et Antoine, voici Karima. Elle vient de Marseille. Elle habite à Dieppe maintenant, en face de chez nous.
Antoine: Salut, Karima.

Nathalie: Tu aimes ce sweat jaune?
Martin: Pfff, c'est moche!
Antoine: Et c'est trop grand!
Martin: Et ce sweat bleu, ça me va?
Nathalie: Oui, ça te va bien.

Nathalie: Dingo a disparu!
Karima: Oh non! Vite, on cherche Dingo!
Martin: Je prends cette rue. Antoine, va par là.
Antoine: Oui, d'accord. Karima, on y va!

À suivre …

1a Avant de lire l'épisode, devine.
  1 Jasmine est au Canada. Pour Antoine, Martin et Nathalie, c'est
    a nul.
    b génial.

  2 Nathalie, son chien Dingo, Martin et Antoine
    a vont en ville.
    b vont au château.

  3 En ville, il y a
    a Jasmine.
    b Karima Nedjam.

  4 Maintenant, Karima habite
    a à Marseille.
    b en face de chez Nathalie.

  5 En ville, Nathalie
    a retrouve Dingo.
    b a perdu Dingo! Catastrophe!

b 🔊 Lis et écoute pour vérifier.

2 Trouve dans le texte:
  a un jour de la semaine
  b deux villes françaises
  c un vêtement
  d deux couleurs
  e une expression pour dire:
    ce n'est pas beau
  f une expression pour dire:
    c'est bien pour toi

3 Remets dans l'ordre pour résumer l'histoire.
  Exemple *1 – f*

  a Martin achète un sweat.
  b En ville, il y a Karima: elle habite à Dieppe maintenant.
  c Ils vont en ville avec Dingo.
  d Antoine aime bien Karima!
  e Après, catastrophe! Dingo a disparu!
  f Nathalie, Martin et Antoine sont tristes sans Jasmine.

Ma tenue préférée

1 Écoute et répète.

1 J'ai un pantalon, un sweat, un blouson et des baskets.

2 J'ai une jupe, un tee-shirt et des baskets.

3 J'ai une robe, un pull et des sandales.

4 J'ai un jean, une chemise, une cravate et des chaussures.

2 Lis les bulles et regarde les photos. Qui parle?
Exemple *1 – Martin*

3 Jeu: trouve l'erreur!

A Je suis Nathalie. J'ai une robe, un pull et des bottes.

B Tu as une robe, un pull et des sandales.

4 Qu'est-ce que tu as dans ton armoire? Fais une liste!
Exemple *Dans mon armoire, j'ai trois jeans, quatre sweats, ...*

Rappel avoir

j'ai	nous avons
tu as	vous avez
il/elle/on a	ils/elles ont

Ma tenue pour la rentrée

Nathalie   Martin   Karima   Antoine

Mots-clés

un (masculin)	une (féminin)	des (pluriel)
pantalon	jupe	baskets
jean	chemise	chaussures
tee-shirt	veste	sandales
sweat	cravate	bottes
blouson	robe	chaussettes
pull		

a le sweat jaune
b le tee-shirt bleu
c la chemise noire
d le blouson vert
e la jupe rose
f le short orange
g le jean blanc
h le caleçon noir
i les Doc Martens marron
j les sandales rouges
k les baskets blanches
l les bottes noires

5 C'est quoi, ta tenue préférée?
Écoute et regarde les dessins. Note les réponses.
Exemple *1 – a, h, k …*

6 Fais un sondage dans la classe.

 **A** C'est quoi, ta tenue préférée?

 **B** Ma tenue préférée, c'est …

Mots-clés les couleurs

blanc/blanche	rouge
noir(e)	jaune
gris(e)	rose
bleu(e)	beige
vert(e)	marron

Zoom sur... *les adjectifs de couleurs*

7 Trouve la bonne réponse.
Exemple *1 – b*

Questions
1 Un adjectif, c'est …
2 Au féminin, on ajoute
3 Au pluriel, on ajoute
4 On met l'adjectif
de couleur après

Réponses
a le nom
b un mot pour décrire
c un -*e*
d un -*s*

Attention aux exceptions!
un pull/une robe *rouge/rose/beige*
un pull/des pulls *gris*
blanc/blanche   *marron* ne change pas

8 Recopie et complète la bulle.

Ma tenue préférée, c'est
un blouson ......, un sweat ......,
un short ......, des baskets ......,
une casquette ......! Hyper-cool!

"Ridi-cool"!

142

J'adore le look sport

You will learn how to ...

✓ say what you wear for different occasions: *Pour aller à l'école, je mets un jean et un sweat.*

✓ ask and say what types of clothes you like: *Qu'est-ce que tu aimes comme look?*
   J'adore le look décontracté./Je déteste le look sport.

✓ say what you think about clothes/fashion: *C'est moche/sympa/pratique.*

1 🔊 Écoute et lis.
Recopie et complète les bulles.

a (*Pour aller au collège, je mets …*)

b (*Pour aller en ville, je mets …*)

c (*Pour aller à une boum, …*)

d (*Pour aller chez mes grands-parents, je mets …*)

●●●●●●●●●●●●●●●●●●●●●●●●●

Rappel mettre

je mets   nous mettons
tu mets   vous mettez
il/elle/on met   ils/elles mettent

2 👥 De mémoire, livre fermé!

A (*Qu'est-ce que Karima met pour aller au collège?*)

B (*Elle met …*)   **A** (*Oui/Non.*)

3 Écris des bulles (comme dans l'activité 1):
a) pour toi; b) pour d'autres personnes.

a (*Pour aller en ville, je mets …*)

b (*Pour aller à l'école, ma sœur met …*)

4 Écoute. Qui dit quoi? Fais des phrases avec les expressions-clés.
Exemple *Karima – J'aime bien le look décontracté. C'est pratique.*

5 Et toi, qu'est-ce que tu aimes comme look? Pourquoi?

> J'aime bien le look sport. C'est pratique.

Encore!

Le look préféré de la classe? Fais un sondage et écris les résultats.
Exemple *15 élèves aiment le look décontracté. C'est sympa.*

En plus ...

Regarde les vêtements page 11. Donne ton opinion avec le plus possible de détails.
Exemple *Je déteste la jupe. C'est moche, je déteste la couleur.*

Ça se dit comme ça!

un/une

6a Écoute et répète.
un pull   une jupe
un jean   une robe

b Tu entends *un* ou *une*?
Répète et note.
Exemple *1 – un*

7a L'uniforme: pour ou contre? Écoute et coche.
Exemple *1 ✓, 2 ✗, ...*

b Donne ton opinion!

Guide pratique

Pour donner une opinion:
✓ Moi, je suis pour. C'est pratique.
✗ Moi, je suis contre. C'est moche.

D'accord ou pas d'accord?
✓ Je suis d'accord.
✗ Je ne suis pas d'accord.

Expressions-clés

 J'adore   le look   décontracté.   C'est   pratique.

😊 J'aime bien   sport.   sympa.

😕 Je n'aime pas beaucoup   habillé.   moche.

 Je déteste

Ça me va, ce blouson?

You will learn how to ...

✓ ask whether clothes suit you: *Ça me va?*

✓ say whether something suits someone: *Ça te va bien./Ça ne te va pas.*

✓ say why it doesn't suit: *C'est trop grand/petit. Ce n'est pas ton genre.*

Martin va à une boum. Qu'est-ce qu'il met? Problème!

Martin: Ça me va, cette veste?
Antoine: *a* Oui, oui, ...
Nathalie: *b* Non, ...

Martin: Ça me va, cet anorak?
Antoine: *c* Mais oui, ...
Nathalie: *d* Non, ...

Martin: Ça me va, ce blouson?
Antoine: *e* Oui, ...
Nathalie: *f* Ah non, ...

Martin: Et ces chaussures? Ça me va?
Antoine et Nathalie: *g* Ah non, ... !

1 🔊 Écoute. Recopie et complète les phrases avec les expressions-clés.
Exemple *a – Oui, oui, ça te va bien.*

2 👥 À trois, jouez la scène!

Expressions-clés

Ça me va?
Oui, ça te va bien.
Non, ça ne te va pas.

Zoom sur... ce, cet, cette, ces

3 Trouve trois exemples pages 8 et 9.

Ce: pour montrer une chose ou une personne précise:

ce sweat

cet anorak

cette fille

143

ces chaussures

4 *Ce*, *cet*, *cette* ou *ces*, c'est quoi en anglais? Vérifie page 154.

5 Maintenant, recopie et complète le tableau.

	singulier	pluriel
masculin	....	ces
masculin (avec voyelle)	....	ces
féminin	....	ces

6 Recopie et complète avec *ce, cet, cette, ces*.
- **a** J'aime bien ...... short vert.
- **b** J'adore ...... baskets!
- **c** Je déteste ...... uniforme!
- **d** Je n'aime pas beaucoup ...... jupe!

7 📼 Écoute. Relie les dessins aux conversations.
Exemple   1 – f

Ça me va ou pas?

Guide pratique

Donne ton opinion avec tact

Ne dis pas: Beurk! C'est moche!

Dis: Euh ... ce n'est pas ton genre.
           C'est trop grand.
           C'est trop petit.

8 👥 Regarde les dessins. À toi!

A *J'adore cette jupe! Ça me va?*

B *Euh ... non, c'est trop grand!*

Encore!

Écris les conversations pour les six dessins.

En plus ...

Réponds aux questions de Martin, page 14, avec tact!
Exemple   La veste? Ça ne te va pas, c'est trop grand.

Le blues du blue-jean

You will learn how to ...

✓ use adjectives
✓ choose the right pronoun
✓ choose the right part of a verb

Interlude

Pour aller chez Noé,
Qu'est-ce que je mets?
Qu'est-ce que je mets?
Ma jolie robe rayée?
Elle est trop serrée.
Mon tee-shirt en lycra?
Ça ne me va pas.
Aïe aïe aïe, qu'est-ce que je mets?

Refrain
Ma tenue préférée,
C'est mon jean délavé,
Mon vieux jean,
Mon blue-jean,
C'est le blues du blue-jean.

Pour aller chez Clément,
Qu'est-ce que je mets?
Qu'est-ce que je mets?
Mon beau pantalon blanc?
Il est bien trop grand.
Mon caleçon rose et gris?
Il est trop petit!
Aïe aïe aïe, qu'est-ce que je mets?
Refrain

Ça y est, j'ai une idée.
Qu'est-ce que c'est?
Qu'est-ce que c'est?
Mon vieux jean délavé!
Mon jean adoré,
Avec un nouveau sweat
Et mes vieilles baskets,
Oh là là, c'est sympa!
Refrain

Qu'est-ce que je mets?

Ma jolie robe rayée? Elle est trop serrée.

1 📻 Écoute et lis la chanson.

2 📖 Quels mots tu ne comprends pas? Tu cherches où? Pense au glossaire, page 154!

3 Invente des bulles pour la BD.

Zoom sur... les adjectifs

La position
• En général, l'adjectif va *après* le nom.

4 Trouve six exemples dans la chanson.

• Certains adjectifs vont *avant* le nom.

142 5 Trouve cinq exemples dans la chanson.

Zoom sur... *les verbes au présent*

Le patchwork des verbes réguliers en *-er*

j'aim**e**

tu aim**es**

il/elle/on aim**e**

nous aim**ons**

vous aim**ez**

ils/elles aim**ent**

6 Écris ces trois verbes comme *aimer* à chaque personne:

adorer chercher détester

145

Exemple *j'adore, tu adores, …*

●●●●●●●●●●●●●●●●●●●●●●●●●●
●
●
● **Rappel**   les pronoms
●
● je/j'   tu   il   elle   on
● nous   vous   ils   elles

Avoir ou ne pas avoir!

7 Recopie et complète la conversation avec la bonne forme d'*avoir*. (Regarde Rappel, page 10.)

– Moi, j'...... des Adichats!
– Quoi? Tu ...... des Adichats? Eh! Il ...... des Adichats!
– Ah ah ah! On n'...... pas d'Adichats! Nous, nous ...... des Chatbok.
– Ah, vous ...... des Chatbok?
– Oh là là, ils ...... des Chatbok! Nul!

146

Tu sais … ?

✓ parler de tes vêtements	*J'ai un pantalon noir, une veste blanche, des chaussures marron …*
✓ dire ce que tu aimes comme vêtements	*Ma tenue préférée, c'est un jean avec un sweat. J'adore/J'aime bien/Je n'aime pas beaucoup/Je déteste le look sport/habillé/décontracté.*
✓ dire ce que tu mets pour différentes occasions	*Pour aller à l'école, je mets un uniforme.*
✓ demander et donner une opinion	*Ça me va? Oui, ça te va./Non, ça ne te va pas. C'est sympa/moche/pratique. C'est trop petit/ grand. Ce n'est pas ton genre. Je suis pour/contre. Je (ne) suis (pas) d'accord.*

Et en grammaire … ?

✓ les adjectifs: forme et position	*une petite robe, un pantalon gris*
✓ les pronoms	*je, tu, il/elle, on …*
✓ les verbes au présent	*j'aime, tu joues, il cherche …*
✓ *ce, cet, cette, ces*	*ce blouson, cette jupe, cet anorak, ces baskets*

En équipe

Défilé de mode

Organisez un défilé de mode en classe! Choisissez une collection: automne-hiver ou printemps-été.

> ### Guide pratique
>
> *Le travail en groupe: les règles d'or*
> - Parlez français!
> - Partagez le travail!
>   - Moi, j'écris …
>   - Toi, tu enregistres …
> - Écoutez bien vos camarades.

La préparation

1 Vous avez quels vêtements pour le défilé? Faites une liste.

A *J'ai une robe bleue en lycra, …*

B *Moi, j'ai un short vert, …*

C *Moi, j'ai un pantalon beige, …*

short vert (Steve)

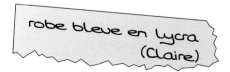

robe bleue en lycra (Claire)

2 En groupe, discutez de votre liste.

A *Je mets ma robe bleue avec une veste blanche?*

B *Oui, d'accord.*

Le jour du défilé

3a 🎧 Regardez la photo et écoutez le commentaire. Trouvez les deux erreurs.

b Écrivez et enregistrez un commentaire pour votre défilé.
Exemple *Voici la collection automne-hiver. Pour aller à une boum, Alice porte* une robe bleue, une veste blanche et des sandales. Alice aime le look décontracté.*

> *il/elle porte = il/elle a

4 Présentez votre défilé.

Équipe-Magazine

LA MODE AU MUSÉE

La mode, ça t'intéresse? Visite le musée de la Mode et du Textile, au Palais du Louvre, à Paris. Là, il y a 16 000 costumes et 35 000 accessoires de mode!

C'est un voyage dans l'histoire des vêtements: au premier étage, la mode des années 60, 70 et 80; au deuxième étage, des robes et des costumes des 17ème et 18ème siècles.

La mode sur CD-Rom

C'est quoi, le look préféré au Moyen Âge? Qu'est-ce qu'on met pour aller à un mariage au 18ème siècle? Pour tout apprendre sur la mode, il y a un CD-Rom très intéressant. Prends ta souris et clique!

Mannequin à 14 ans

■ Arnaud, tu as 14 ans. Tu commences les défilés de mode à quel âge?

● À trois ans!

■ Qu'est-ce que tu fais exactement?

● Je fais des défilés, des photos pour des affiches et des publicités à la télé.

■ C'est dur d'être mannequin?

● Oui, des fois, mais j'adore ça!

■ Pourquoi?

● J'aime bien la mode, les vêtements, tout ça.

■ Qu'est-ce que tu aimes comme look?

● En général, je mets des tenues décontractées. Ma tenue préférée, c'est une tenue Chevignon. Génial!

La belle équipe

Télé ou ciné

Épisode 2

Dingo, le chien de Nathalie, a disparu.

Nathalie: Pas de nouvelles de Dingo!

Antoine: Écoute … Martin et moi, on va au cinéma. Tu veux venir?

Nathalie: Euh … oui, je veux bien. Qu'est-ce qu'il y a comme film?

Martin: C'est un film policier.

Nathalie: Génial! J'adore les films policiers.

Martin: Le film commence à deux heures et demie.

Nathalie: On peut chercher Dingo avant.

Ils vont inviter Karima.

Antoine: Nous allons au cinéma. Tu veux venir?

Karima: Non, je ne veux pas sortir aujourd'hui.

Nathalie: OK! Au revoir!

Karima: Au revoir! À bientôt!

Au cinéma …

Nathalie: Toujours pas de Dingo. Où est-il?

Antoine: On peut chercher encore après le film.

Martin: Oui. Je vais acheter les billets.

Nathalie: Regardez, c'est Karima, avec sa mère.

Antoine: Alors, ça! Elle sort … mais pas avec nous!

À suivre …

Ce soir-là, Karima regarde la télévision.

Mère: Qu'est-ce qu'il y a à la télé, Karima?

Karima: Les infos régionales.

Reporter: … un reportage sur le kidnapping des chiens …

Karima: Quoi?!

Reporter: … selon la police, ces chiens sont kidnappés et vendus à des laboratoires pour des tests cruels …

Karima: Le kidnapping de chiens? Oh là là! Dingo!

1 Avant de lire l'épisode, regarde les photos et devine:

1 Antoine, Nathalie et Martin vont
  a au cinéma.
  b au centre sportif.

2 Ils vont inviter Karima mais
  a elle ne veut pas sortir.
  b elle n'aime pas aller au cinéma.

3 Devant le cinéma, Nathalie voit
  a Karima avec sa mère.
  b Karima avec Dingo.

4 Nathalie
  a retrouve son chien.
  b ne retrouve pas son chien.

5 Le soir, Karima
  a regarde la télévision.
  b va au cinéma.

2 🔲 Écoute et lis l'épisode. Ça se dit comment en français?
  a Do you want to come?
  b What film's on?
  c What's on the TV?
  d I'm going to buy the tickets.
  e The local news.

3 Réponds aux questions.
  a Nathalie veut aller au cinéma?
  b Karima veut sortir?
  c Qui va acheter les billets au cinéma?
  d Karima sort avec qui?
  e Le soir, que fait Karima?
  f Qu'est-ce qu'on fait avec les chiens kidnappés?

Sélection télévision

2

UN FILM • UN DOCUMENTAIRE • LES INFOS • UNE ÉMISSION SPORTIVE

UN DESSIN ANIMÉ • UN FEUILLETON • LA MÉTÉO
UNE ÉMISSION POUR LA JEUNESSE • UN JEU

1a Regarde les photos. C'est quelle sorte d'émission?
   Exemple La première photo, c'est un jeu.

b 🔊 Écoute pour vérifier.

c 👥 A ferme son livre. Quelles sont les neuf photos?

> **A** *La première photo, c'est un jeu. La deuxième photo, c'est …*

Mots-clés

premier/première	1er/1ère
deuxième	2ème
troisième	3ème
quatrième	4ème
cinquième	5ème
sixième	6ème
septième	7ème
huitième	8ème
neuvième	9ème
dixième	10ème

2a Écoute. Note les émissions qu'ils aiment (✔) et qu'ils n'aiment pas (✘).
Antoine Nathalie Martin Karima Max Roxanne
Exemple *Antoine – émissions sportives ✔*
dessins animés ✔
jeux ✘

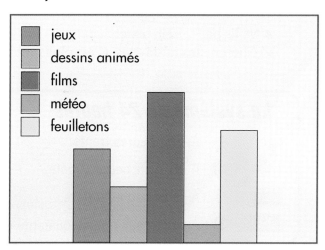

> *Moi, j'aime les émissions sportives. J'aime aussi les dessins animés, mais je déteste les jeux. Les jeux, c'est nul!*

2b Écris une bulle pour Nathalie, Martin, Karima, Max et Roxanne.

3a Sondage. Pose la question *Tu aimes … ?* pour chaque sorte d'émission.
Exemple *Tu aimes les dessins animés?*

3b Additionne les points pour ton groupe. Dessine un tableau.

j'adore = + 2 points	je déteste = – 2 points
j'aime bien = + 1 point	je n'aime pas = – 1 point

Exemple

jeux
dessins animés
films
météo
feuilletons

Expressions-clés

 J'adore   (regarder)   les émissions sportives
 J'aime (bien)   les jeux
les documentaires
Je préfère   les dessins animés
les informations
Je n'aime pas   les émissions pour la jeunesse
Je déteste   les films
les feuilletons
la météo

C'est comment?
C'est génial.
  intéressant.
  drôle.
Ce n'est pas mal.
Ce n'est pas marrant.
C'est nul.
C'est débile.

J'aime regarder les jeux, *mais* je préfère les feuilletons.
Elle adore les dessins animés et elle aime *aussi* les films.

 Encore!

Fais deux listes:
(1) les types d'émissions que tu aimes
(2) les types d'émissions que tu n'aimes pas.

En plus …

Résume les résultats du sondage. (Utilise *nous*.)
Exemple *En première place, c'est les films. Nous adorons les films.*

4 Écris le nom d'une émission de chaque type et donne ton opinion.
Exemple *J'aime bien les feuilletons, par exemple Eastenders. C'est génial.*

Qu'est-ce qu'il y a à la télé?

You will learn how to ...

✓ ask for and give information about a TV programme: *"Téléshopping", c'est à quelle heure? C'est à 13 h 05. C'est sur quelle chaîne? C'est sur France 3.*

✓ agree with someone what to watch: *Tu veux regarder la météo? D'accord./Non, je préfère ...*

TF1

16.15 **L'HOMME QUI TOMBE A PIC**
[9771006]
Série américaine.
La course aux bijoux volés.

17.10 **MELROSE PLACE**
Feuilleton.

18.00 **K 2000**
[89402]
Le retour de Goliath.
(Deuxième partie).

19.00 **L'OR A L'APPEL**
[9750]
Présenté par Lagaf'.

20.00 **JOURNAL**
[14315]

20.45 **LES ANNÉES TUBES**
[750976]
Présenté par Jean-Pierre Foucault.

2 France

16.50 **DES CHIFFRES ET DES LETTRES**
Jeu.   [422402]

17.25 **LE PRINCE DE BEL AIR**
[5782353]
Série américaine.

17.50 **KIRK**
[39334]

18.20 **MADISON**
[85599]

18.50 **QUI EST QUI?**
[4083044]

19.25 **STUDIO GABRIEL**
[353773]
Invités : Karen Cheryl, Jean Guidoni.

20.00 **JOURNAL**
[21605]

20.55 **QUAI No 1**
[7343268]
Série réalisée par Patrick Jamain.

France 3

16.40 **LES MINIKEUMS**
[2128315]
Tintin 16.50 Les tortues Ninja 17.15 Rémi sans famille

17.45 **JE PASSE A LA TÉLÉ**
[250247]

18.20 **QUESTIONS POUR UN CHAMPION**
Jeu.   [98763]

18.50 **UN LIVRE, UN JOUR**
[2359995]

20.05 **FA SI LA CHANTER**
[898711]

20.35 **TOUT LE SPORT**
[9415711]

20.50 **THALASSA**
[7750957]

CANAL+

15.55 **DUMB AND DUMBER**
[2669402]
Film : comédie américaine.

17.35 **PAS SI VITE**
[929044]

17.40 **CARLAND CROSS**
Feuilleton.

18.15 **CYBERFLASH**
[9483808]

18.35 **NULLE PART AILLEURS**
[1518711]

20.15 **FOOTBALL**
[8501402]
Championnat de France RENNES/NANTES

5 La Cinquième

16.25 **CAYMANIA, VOYAGE AU FOND DES MERS**
[73353]

17.00 **JEUNESSE**
[36082]
Cellulo 17.25 Alf.

17.55 **JEUNES MARINS REPORTERS**
(Voir mardi).

18.25 **LE MONDE DES ANIMAUX**
[8605024]
La société des insectes : "L'assemblée des mouches".

18.50 **MÉTÉO**

M6

16.45 **RINTINTIN JUNIOR**
[9924976]
Feuilleton américain.

17.15 **HIT MACHINE**
[617537]

18.05 **CENTRAL PARK WEST**
Le mariage. [1527686]

19.00 **LOIS ET CLARK : LES NOUVELLES AVENTURES DE SUPERMAN**
[51334]
Série américaine.

19.45 **6 MINUTES**
[405999044]

20.00 **MISTER BIZ**
Magazine.   [64286]

20.35 **6 MINUTES LOCAL**
[7039315]

20.45 **LES DESSOUS DE LA NOUVELLE-ORLÉANS**
[750841]

---

1 Lis le programme de la télé.
Recopie et complète la grille.

	Émission	Type	Heure	Chaîne
a	Rennes/Nantes			Canal +
b		jeu	16.50	
c			17.25	France 2
d	Rintintin Junior			
e		météo	18.50	
f			17.00	La Cinquième
g	Journal	infos		

2 Écoute et regarde le programme.
Vrai ou faux?

Guide pratique

Tu cherches une information spécifique dans un texte?

✗ Ne lis pas *tout* le texte.
✔ Cherche les mots-clés. C'est plus rapide!

Le système de 24 heures

☀ À sept heures trente.

🌙 À dix-neuf heures trente.

 ☀ À seize heures quinze.

 🌙 À vingt-deux heures quarante-cinq.

- Je vais regarder la télé ce soir.
  Moi aussi. Qu'est-ce qu'il y a?
- Il y a "Top Models" sur France 2 à dix-huit heures trente.
  Non, je n'aime pas les feuilletons. Moi, je vais regarder "Vidéo Gag".
- C'est sur quelle chaîne?
  C'est sur TF1.
- C'est à quelle heure?
  C'est à dix-huit heures quinze.
- Et tu vas regarder "Superman" après?
  Ah oui! J'adore cette émission!
- Viens chez moi, si tu veux.
  D'accord.
- Alors, on va regarder "Vidéo Gag" et ensuite "Superman". D'accord?
  D'accord!

3a Lis et écoute le dialogue.

b Réécoute. Joue le rôle de Nathalie, puis de Martin.

c Avec un(e) partenaire, joue le dialogue.

 **sur... aller + infinitif**

Je regarde la télé.
(l'action est dans le présent)

Je vais regarder la télé.
(l'action est dans le futur)

aller
je vais
tu vas
il/elle/on va
nous allons
vous allez
ils/elles vont
+ *un infinitif* = une action dans le futur

148

4 Jeu de rôle. Travaille avec un(e) partenaire. Qu'est-ce que vous allez regarder? Décidez ensemble.
Exemple

A: Je vais regarder BBC 1. Il y a "Neighbours" à 17 heures 35.
B: Ah non! Je déteste les feuilletons. Je préfère …
A: C'est à quelle heure?

5 Trouve quatre exemples de *aller + infinitif* dans le dialogue entre Martin et Nathalie.

6 Recopie les phrases avec les bons verbes.
a Je *vais* regarder la télévision.
b Nous ...... voir un dessin animé.
c Tu ...... acheter des billets pour samedi?
d Vous ...... voir un film d'aventure demain soir?
e Il ...... rester à la maison ce week-end.
f Plus tard, ils ...... écouter la radio.
g Dans dix minutes, je ...... sortir.

On va au cinéma?

You will learn how to ...

✓ name different types of film: *un film policier, une comédie*
✓ invite someone to the cinema: *Tu veux voir un film policier au cinéma?*
✓ accept or decline an invitation: *Oui, je veux bien./Non, je ne peux pas.*
✓ say when a film is: *C'est samedi à dix-neuf heures trente.*

a un dessin animé

b un film policier

c une comédie

d un film d'amour

e un film d'épouvante

f un film de science-fiction

1a 📼 Écoute les invitations. On accepte ou on refuse?

b 🖥 Regarde les dessins. Il y a des mots nouveaux? Cherche dans un dictionnaire.

c 📼 Réécoute. C'est quelle sorte de film?

2 👥 Invite ton/ta partenaire au cinéma pour voir les films *a–f*.

Il/Elle accepte trois invitations et refuse trois invitations. Ensuite, changez de rôles.

A *Tu veux voir un dessin animé demain soir?*

B *Oui, je veux bien. J'aime beaucoup les dessins animés.*

Expressions-clés

Tu veux voir un film romantique?
D'accord!
Oui, je veux bien.
Non, je ne peux pas.
Non, je n'aime pas beaucoup les films romantiques.

Zoom sur... *vouloir et pouvoir*

3a Regarde la photo de Théo et Émilie. Après *vouloir* et *pouvoir*, c'est quelle forme du verbe?

(Tu veux + **?** Je ne peux pas + **?**)

b Relis *La belle équipe*, pages 20 et 21. Note les exemples de *vouloir* et *pouvoir* + *verbe*.

4 Lis les bulles. Recopie et complète le tableau.

vouloir		pouvoir	
je *veux*	nous	je	nous ......
tu	vous	tu	vous ......
il/elle	ils/elles	il/elle	ils/elles ......
on		on	

> Tu veux venir au cinéma demain soir?

> Désolé, demain je ne peux pas sortir.

Émilie   Théo

> Qui veut aller au cinéma? Anne et Christophe font du baby-sitting. Ils ne peuvent pas sortir. Marie et moi, nous voulons voir le film d'horreur au Rex. Vous pouvez venir avec nous!

> Vous ne voulez pas rester à la maison? On peut regarder la télévision. Pierre et Romain veulent rester à la maison. Nous pouvons rester ici avec eux.

146

5 Lis les messages. Réponds aux questions pour chaque message.   *Quel film?*
Quand? (jour, heure)
Où?

> **a** Rendez-vous devant le cinéma à quatorze heures quinze demain. Le film, c'est *Nuit des Vampires*.

> **b** On va voir le nouveau film policier samedi au Rex. La séance commence à dix-neuf heures trente et se termine à vingt et une heures cinquante-cinq.

> **c** Tu veux aller voir *La Cinquième Dimension* au Centre Jean Renoir? Le film commence à 20 h 30 ce soir.

6 Le film commence quand? Note l'heure.

Tu regardes trop la télé?

You will learn how to ...

✓ ask questions in different ways (revision)

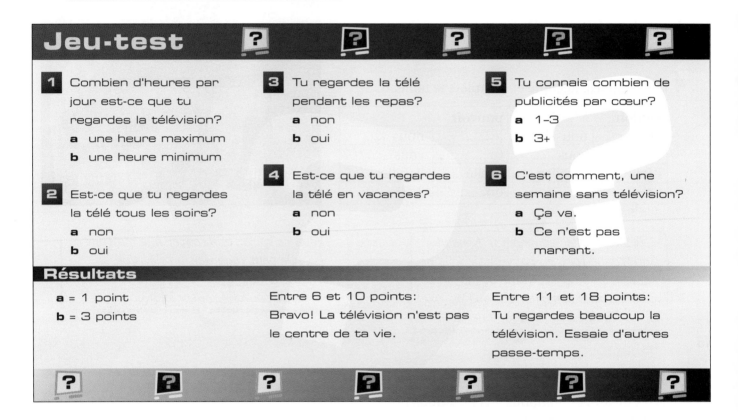

Jeu-test

1 Combien d'heures par jour est-ce que tu regardes la télévision?
  a une heure maximum
  b une heure minimum

2 Est-ce que tu regardes la télé tous les soirs?
  a non
  b oui

3 Tu regardes la télé pendant les repas?
  a non
  b oui

4 Est-ce que tu regardes la télé en vacances?
  a non
  b oui

5 Tu connais combien de publicités par cœur?
  a 1–3
  b 3+

6 C'est comment, une semaine sans télévision?
  a Ça va.
  b Ce n'est pas marrant.

Résultats

a = 1 point
b = 3 points

Entre 6 et 10 points:
Bravo! La télévision n'est pas le centre de ta vie.

Entre 11 et 18 points:
Tu regardes beaucoup la télévision. Essaie d'autres passe-temps.

1a Fais le jeu-test.

b Il y a des mots nouveaux dans le jeu-test? Cherche dans un dictionnaire.

Dictionnaire

Dictionnaire bilingue: mode d'emploi

Il y a deux parties:

français–anglais

anglais–français

Il y a le premier mot de la page et le dernier mot.

fraction	frontière
fraction	
	frontière

Ça se dit comme ça!

des/deux

des vidéos

deux vidéos

2 Écoute la différence.

3 Prononce bien. Écoute pour vérifier.
  a *Des films romantiques*
  b *Deux films de science-fiction*
  c *À Paris, il y a des cinémas.*
  d *À Dieppe, il y a deux cinémas.*

Guide pratique

Les questions

Question	Réponse
• change la prononciation ⎫ • commence avec: *est-ce que ...* ⎬	*oui* ou *non*

Question	Réponse

• commence avec:
  combien, comment,
  quand, etc. ⎬
	une information

4 Dans le jeu-test, trouve des questions de chaque type.

Recopie les six questions du jeu-test. Dessine une illustration pour chaque question.

5 Invente d'autres questions pour un sondage.
Exemple

> Tu regardes la télé pendant les repas?
>
> Tu regardes la télé pendant tes devoirs scolaires?

En plus ...

Écris un jeu-test: Tu aimes le cinéma?

Tu sais ... ?

✓ parler des émissions de télévision	*J'aime regarder les films. J'adore les dessins animés. Je n'aime pas les infos. Je déteste les feuilletons. C'est drôle/triste. Ce n'est pas mal. C'est sur quelle chaîne? C'est sur France 3.*
✓ demander/donner l'heure/le jour d'une émission ou d'un film	*"Téléshopping", c'est quel jour/à quelle heure? "La Vie de Famille", c'est samedi à 13 h 05.*
✓ choisir une émission	*Qu'est-ce qu'il y a (sur TF1)? Il y a une émission sportive. Tu veux regarder la météo? D'accord. Non, je préfère ...*
✓ nommer différents genres de film	*un film policier, un film d'épouvante, une comédie*
✓ inviter quelqu'un au cinéma/ accepter ou refuser une invitation	*Tu veux venir au cinéma avec moi demain soir? Oui, je veux bien. Non, je ne peux pas.*
✓ poser des questions	*Combien d'heures par jour est-ce que tu regardes la télévision? Est-ce que tu regardes la télé tous les soirs?*

Et en grammaire ... ?

✓ *aller* + infinitive	*Je vais acheter les billets. On va regarder la météo.*
✓ *vouloir* et *pouvoir*	*Tu veux venir avec moi? On peut regarder la télé demain soir.*

👥 En équipe

Petit guide de la télévision

Travaillez en groupes pour préparer votre guide!

1 Choisissez un jour de la semaine.

Regardez le programme de la télévision dans un magazine ou un journal.
Quelles sont les meilleures émissions? Faites une sélection.
Sur une feuille, notez vos recommandations:
- le titre
- le type d'émission
- la chaîne
- l'heure

Attachez plusieurs feuilles pour faire un guide.

2 Dessinez un poster publicitaire pour une émission.

JEUDI

Notre sélection

EASTENDERS

un feuilleton

sur BBC 1 à 19 heures 30

3 Faites une publicité pour une émission. Donnez beaucoup de détails. Enregistrez votre publicité sur cassette.

> *Ce soir, à 18 h 30, sur ITV, il y a le film "Three men and a baby". C'est une comédie américaine et c'est très marrant …*

4 Enregistrez des interviews sur le thème de la télévision. Préparez d'avance vos questions. (Relisez la page 28 pour vous donner des idées.)

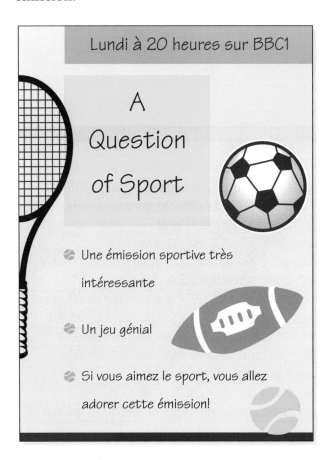

Lundi à 20 heures sur BBC1

A Question of Sport

- Une émission sportive très intéressante
- Un jeu génial
- Si vous aimez le sport, vous allez adorer cette émission!

> *Combien d'heures par jour tu regardes la télévision? Tu regardes la télé pendant les repas?*

Équipe-Magazine

Quelles questions!

Refrain
On va au cinéma?
Tu veux?
Tu veux venir?
Tu peux?
Tu peux venir?
Et qu'est-ce que tu veux voir?

Est-ce que tu aimes les dessins animés,
les films romantiques ou les films policiers?
Et c'est quel jour
Le film d'amour?
C'est vendredi
La comédie?
C'est à quelle heure
Le film d'horreur?
Refrain

Combien ça coûte, deux billets pour ce soir?
Je n'ai pas d'argent, tu peux payer pour moi?
C'est la vedette?
Elle est chouette!
Pourquoi elle crie?
Pourquoi tu ris?
Ah, c'est fini?
Où est la sortie?
Refrain

Comment choisir sa chaîne sur le câble?
Voici une sélection de chaînes du câble.

MTV

C'est la **chaîne musicale** américaine. Tout en anglais. Au programme: des **clips** et des **concerts** (Nirvana, Jamiroquai, Aerosmith, Madonna, U2 ...)

CANAL J

C'est la chaîne des enfants entre 2 et 14 ans. On y trouve des **dessins animés** comme *Chapi Chapo* pour les petits, ou *Snoopy* et *Spirou* pour les plus grands ...
On retrouve aussi des séries: *Rintintin*, *Skippy*, *Lassie*, et des **films**, le mercredi après-midi à 13 h 35.

EUROSPORT

Ici, du **sport** 24 heures sur 24: de grands événements (les Jeux Olympiques, le championnat de France de basket, la coupe du monde de ski ...) et des sports que l'on voit rarement à la télé: le tir à l'arc, les arts martiaux, le basket, les fléchettes, le sumo ...

La belle équipe

Épisode 3

Karima: Tu as regardé les infos régionales à la télé hier soir, Nathalie?

Nathalie: Non, j'ai retrouvé des copains au club des jeunes. Pourquoi?

Karima: Il y avait un reportage sur le kidnapping de chiens ici à Dieppe!

Nathalie: À Dieppe? Alors, peut-être que Dingo …

Martin et Antoine arrivent.

Antoine: Salut!

Martin: Nathalie, tu as regardé les infos à la télé hier soir?

Karima: Pauvre Dingo!

Martin: Qu'est-ce qu'on fait?

Antoine: On se retrouve après les cours et on discute. On peut aller au café.

Nathalie: Bonne idée!

Tu veux venir au café après les cours?

Euh … non, je ne peux pas. Je dois faire mes devoirs.

Après les cours

Serveur: Vous désirez?

Antoine: Moi, je voudrais un coca et un sandwich au fromage.

Nathalie: Pour moi, un orangina, s'il vous plaît.

Martin: Un sandwich au jambon et un chocolat chaud pour moi.

...

Martin: Qu'est-ce que tu as fait hier soir, Antoine?

Antoine: J'ai écouté de la musique et j'ai regardé un documentaire à la télé. Et toi?

Martin: J'ai fait du vélo et j'ai joué au foot dans le parc.

Nathalie: Chut! Écoutez!

Homme: Chiens ... tests en laboratoires ... deux cents euros ...

Où est le téléphone? Vite!

À suivre ...

1 Avant de lire, devine. Ça se dit comment en anglais?

infos régionales   kidnapping

reportage   tests   documentaire

laboratoire   téléphone

2 Trouve dans le texte:
- **a** un animal
- **b** trois boissons
- **c** deux choses à manger
- **d** quatre passe-temps
- **e** un numéro

3 🔊 Écoute et lis l'histoire. Vrai ou faux?
- **a** Karima a regardé la télé hier soir.
- **b** Nathalie a regardé la télé hier soir.
- **c** Antoine a mangé des frites au café.
- **d** Nathalie a bu un coca au café.
- **e** Martin a mangé du chocolat au café.
- **f** Martin a mangé un sandwich au café.
- **g** Martin a fait du sport hier soir.
- **h** Antoine a fait ses devoirs hier soir.

On organise un rendez-vous

1 Écoute les conversations. C'est quelle photo?
Exemple 1 – c

2 Regarde les photos de l'activité 1. Écoute et note l'heure.
Exemple a – six heures

3a Organise des rendez-vous avec ton/ta partenaire. Note les activités et les heures.
Exemple

A: Tu veux faire du vélo?
B: Oui, je veux bien.
A: On se retrouve à quelle heure?
B: À cinq heures et demie.

b Vérifie les activités et les heures avec ton/ta partenaire.

> Alors, on va faire du vélo à cinq heures et demie, c'est ça?

A

> Oui, c'est ça!

B

Expressions-clés

Tu veux aller au cinéma/parc?
à la piscine/plage/patinoire?
en ville?
faire du vélo/skate/patinage?
faire de la voile?
danser/nager?

Oui, je veux bien.

On se retrouve à quelle heure?
À sept heures (et demie, et quart, moins le quart).

4a Lis ces messages et note les détails importants.

Exemple

	Activité	**Heure**	**Où**
a	café	4h	chez Yannick

a *Tu veux aller au café?*
On se retrouve à quatre
heures chez moi.
À plus tard!
Yannick

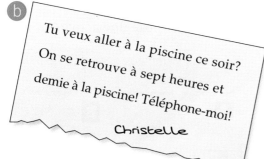

b Tu veux aller à la piscine ce soir?
On se retrouve à sept heures et
demie à la piscine! Téléphone-moi!
Christelle

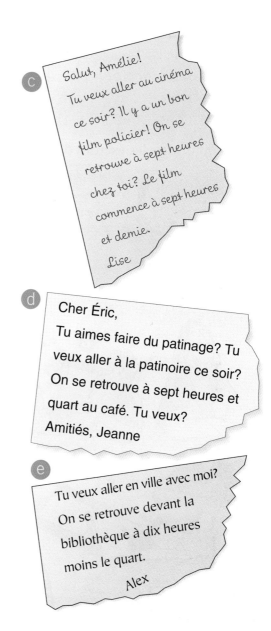

c *Salut, Amélie!*
Tu veux aller au cinéma
ce soir? Il y a un bon
film policier! On se
retrouve à sept heures
chez toi? Le film
commence à sept heures
et demie.
Lise

d Cher Éric,
Tu aimes faire du patinage? Tu
veux aller à la patinoire ce soir?
On se retrouve à sept heures et
quart au café. Tu veux?
Amitiés, Jeanne

e Tu veux aller en ville avec moi?
On se retrouve devant la
bibliothèque à dix heures
moins le quart.
Alex

4b Qui …

a aime la natation?
b veut voir un film?
c aime le sport?
d va boire un orangina?
e va faire les magasins?

4c 🔊 Écoute les trois personnes qui laissent des messages. C'est qui?

Exemple 1 – Lise

▪▪▪▪▪▪▪▪▪▪▪▪▪▪▪▪▪▪▪▪▪▪▪▪▪▪▪
Expressions-clés

On se retrouve où?
Au café
À la piscine
Devant la bibliothèque
Chez moi/toi

4d 👥 **A** Choisis une identité (par exemple, Yannick). Téléphone à ton/ta partenaire pour organiser un rendez-vous. **B** Réponds à l'invitation.

Exemple

A: Allô! Ici Yannick. Tu veux aller au café?
B: Oui, je veux bien. On se retrouve à quelle heure?
A: À quatre heures.
B: D'accord. On se retrouve où?
A: Chez moi?
B: D'accord. À plus tard!

Que d'excuses!

You will learn how to …

✓ say that you don't want to do something: *Ça ne me dit rien. Je n'aime pas ça!*

✓ give excuses: *Je ne peux pas. Je dois faire mes devoirs, ranger ma chambre …*

✓ reply tactfully

1 📼 Écoute. Mets les excuses dans l'ordre.

Je fais de l'escalade tous les samedis. Tu veux venir?

a
b
c
d
e
f

Expressions-clés

Je ne peux pas. Je dois …

             faire mes devoirs
             aller voir ma grand-mère
             garder mon frère
             sortir le chien
             ranger ma chambre

Ça ne me dit rien. Je n'aime pas ça!

Encore!

👥 Regarde les illustrations de l'activité 1.

A *b, c'est quelle excuse?*

B *Je dois aller voir ma grand-mère.*

En plus …

Invente d'autres excuses.
Exemple *Je dois faire des courses.*

2 👥 **A** propose une activité. **B** refuse!

A *Tu veux jouer aux cartes?*

B *Je ne peux pas. Je dois garder mon frère.*

3 📼 Réécoute les jeunes de l'activité 1. Les jeunes hésitent … et s'excusent. Qui dit quoi?
Exemple *1 – b*

a Bof!
b Euh …
c Pardon?
d Tous les samedis?
e De l'escalade?
f Un instant …

Guide pratique

On t'invite. Tu veux dire *non* à l'invitation? Ne panique pas. Prends ton temps!

4 👥 Refais l'activité 2. Hésite, prends ton temps!

A *Tu veux jouer au basket?*

B *Bof! Ça ne me dit rien. Je n'aime pas jouer au basket.*

Interlude

Samedi, ça me dit!

Refrain
Aujourd'hui, c'est samedi,
Je suis tout seul et je m'ennuie.

Je téléphone à Nicolas
"Ça te dit d'aller à la plage?"
Il me dit: "Non, je ne peux pas,
Je dois aller à un mariage."
Refrain

Je téléphone à Florentin
"Tu veux aller à la piscine?"
Il me dit: "Bof, ça ne me dit rien.
Je préfère faire la cuisine!"
Refrain

Je téléphone à Rebecca
"On se retrouve à la patinoire?"
Elle me dit: 'Non, je n'aime pas ça
En plus, je dois faire mes devoirs."
Refrain

Au téléphone, c'est Benjamin
"Viens à ma boum, si ça te dit!"
Je lui réponds: "Oui, je veux bien
C'est samedi et ça me dit!"

Refrain
Aujourd'hui, c'est samedi
Je ne suis pas seul, fini l'ennui!

Mais quand j'arrive chez Benjamin
Devinez qui est déjà là!
Nicolas et Florentin
Accompagnés de Rebecca!

Refrain
Aujourd'hui, c'est samedi
Mais les copains, ça ne me dit rien!

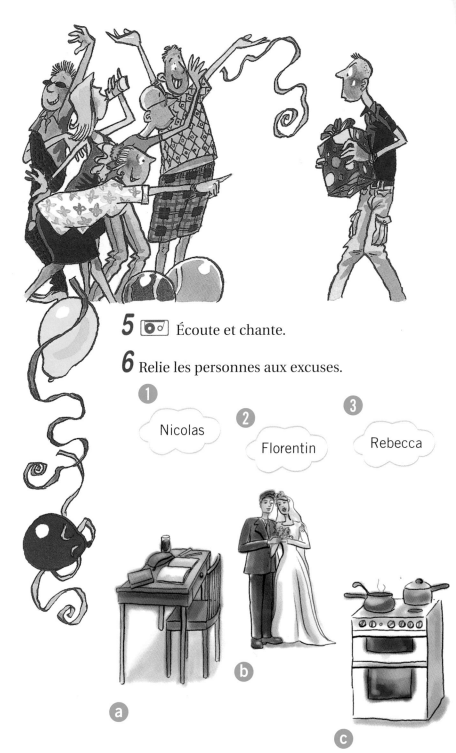

5 🔊 Écoute et chante.

6 Relie les personnes aux excuses.

① Nicolas   ② Florentin   ③ Rebecca

a   b   c

7 Ça se dit comment en français?
   a Come to my party.
   b It's Benjamin on the phone.
   c I don't feel like it.
   d I have to do my homework.
   e Do you feel like going to the beach?

Le week-end dernier

a

DIEPPE

Cinéma Le Rex
De grandes espérances, séances
mercredi, samedi, mardi à 20 h
45, jeudi, vendredi, lundi à
14 h 15, dimanche à 14 h 15.

d

f

b
PISCINE DIEPPE
FRONT DE MER
1 PERSONNE

e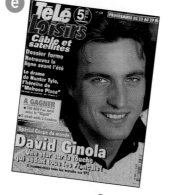

g

Séverine t'invite à une
boum samedi de 19h30 à ?
RSVP   Tél: 02 40 53 12 06

c

1 🔲 Écoute Martin et regarde les documents.
Note les activités dans le bon ordre.
Exemple *samedi – c, ...*
      dimanche –
Qu'est-ce qu'il ne mentionne pas?

2a Relie pour faire des expressions-clés.
Exemple *J'ai joué au basket.*

J'ai	regardé	au basket
	acheté	la télévision
	joué	mes copains
	retrouvé	des baskets
	nagé	de la musique
	écouté	à la piscine

2b  Regarde les documents.

A Qu'est-ce que tu as fait le week-end dernier?

B J'ai regardé un film.

A C'est a.

Ça se dit comme ça!

Le présent et le passé composé

3 🔲 Écoute la différence.
*Aujourd'hui, **je joue** aux cartes.*
*Le week-end dernier, **j'ai joué** aux cartes.*

4 🔲 C'est aujourd'hui (a) ou le week-end dernier (b)?
Exemple *1 – a, 2 – b, ...*

ZOOM sur… le passé composé

Qu'est-ce que tu as fait hier soir, Antoine?

J'ai écouté de la musique et j'ai regardé un documentaire à la télé.

le verbe *avoir*

le participe passé

5 Quel est le participe passé de ces verbes?

Exemple

$manger$ → *mangé*

a écouter   **b** regarder   **c** jouer
d acheter   **e** nager

Exception! faire > fait

Je fais mes devoirs.

J'ai fait mes devoirs.

147

• •

Rappel *avoir*

j'ai
tu as
il/elle/on a

6 Fais des maths! Recopie et change les infinitifs.
Exemple *a – J'ai joué au football.*
a Je + avoir + jouer + au football.
b Tu + avoir + regarder + le film?
c Il + avoir + acheter + une cassette.
d Je + avoir + danser + au club des jeunes.
e On + avoir + retrouver + des copains au parc.

Dictionnaire

Si tu veux trouver un verbe dans le dictionnaire, pense à l'infinitif!
Exemple *J'ai fait mes devoirs.*

faire

7 Trouve l'infinitif.
a J'ai trouvé le mot dans le dictionnaire.
b Il a retrouvé ses copains au collège.
c Tu as mangé le croissant?

8a 🔊 Qu'est-ce qu'Antoine, Nathalie et Karima ont fait le week-end dernier? Note les réponses.
Exemple *Antoine – télé, devoirs, boum, foot*

b Quelqu'un a fait des activités comme toi?

Guide pratique

Tu dois noter les réponses en français. Ne panique pas!

Tu écoutes:

Samedi, j'ai regardé la télévision chez moi.

Ne note pas la phrase, mais un mot-clé.

télé

Au café

You will learn how to ...

✓ ask for something to eat and drink and find out how much it costs: *Je voudrais un coca et des frites. Ça fait combien?*

✓ say how much something costs: *Ça fait quatre-vingt-six centimes.*

✓ ask some more questions: *Où sont les toilettes? Je peux avoir du sel?*

1a  Écoute les cinq personnes au café. Note les détails.

Exemple

Boisson	Snack	Prix
jus d'orange	sandwich au jambon	5,30€

1b Le serveur a fait une erreur dans l'addition. Pour qui?

2 👥 **A** est serveur/serveuse. **B** commande. **A** prépare l'addition.

Vous désirez?

A

Je voudrais un Pepsi et un sandwich au thon. Ça fait combien?

B

```
pepsi            2,80€
sandwich/thon    3,40€
-----------------------
total            6,20€
```

Ça fait six euros vingt.

A

3  C'est quelle question? Écoute et note la lettre.

Exemple 1 – f

a b c d e f

Notre brasserie

Les Boissons Rafraîchissantes

1/4 Vichy, 1/4 Evian	2,00	1/4 Limonade	2,00
Lait froid	1,85	Perrier 33cl	2,60
Pepsi, Gini	2,50	Orangina	2,50
Jus de fruits	2,50		

Les Sandwichs "Baguette"

Jambon beurre	2,80	Thon	3,70
Jambon-fromage	3,40	Crabe	3,70
Fromage	2,80	Poulet	3,70

Les Crêpes Repas

Beurre	2,30	Fromage	4,00
Œuf	4,00	Jambon	4,00
Jambon-fromage	5,20		

Les Boissons Chaudes

Café	1,15	Café double	2,15
Décaféiné	1,20	Café crème	2,30
Lait chaud	1,85	Chocolat	2,30
Thé de Ceylan	2,60	Earl Grey	2,60

Expressions-clés

Où est le téléphone?
Où sont les toilettes?
Je peux avoir une serviette?
    un verre?
    de l'eau?
    du sel?

Serveur: Vous désirez?

Client: Je voudrais une limonade et un sandwich au jambon.

...

Serveur: Voilà.

Client: Ça fait combien?

Serveur: Ça fait quatre euros quatre-vingts.

Client: Je peux avoir une serviette?

Serveur: Oui, voilà.

...

Client: Où sont les toilettes, s'il vous plaît?

Serveur: Là-bas, à gauche.

Client: Merci.

4a Lis et écoute.

b 👥 Choisis un adjectif. Joue la conversation avec caractère.

> cool
>
> fatigué(e)
>
> pressé(e)
>
> snob
>
> timide

Encore!

Apprends la conversation.

En plus ...

Apprends la conversation, mais change des éléments.

A *Vous désirez?*

B *Je voudrais un coca ...*

Tu sais ... ?

✓ organiser des rendez-vous	*Tu veux aller à la piscine? Tu veux faire du vélo? Oui, je veux bien.* *On se retrouve à quelle heure? À six heures et demie.* *On se retrouve où? Chez moi, près du cinéma, devant le café.*
✓ donner des excuses	*Je ne peux pas. Je dois faire mes devoirs. Ça ne me dit rien.*
✓ parler du week-end dernier	*J'ai acheté des pommes au marché, j'ai retrouvé mes copains au club des jeunes, j'ai regardé la télévision, j'ai fait mes devoirs ...*
✓ parler avec le serveur/la serveuse au café	*Je voudrais des frites et un chocolat chaud. Ça fait combien? Où sont les toilettes?*

Et en grammaire ... ?

✓ le passé composé	*Qu'est-ce que tu as fait?* *J'ai acheté des pommes au marché avec Marc.*

En équipe

**Vous allez créer une pièce de théâtre.
La scène? Dans un café!**

1a Préparez un menu pour le café.

Notre brasserie

Les Boissons Rafraîchissantes

1/4 Vichy, 1/4 Evian	2,00	1/4 Limonade	2,00
Lait froid	1,85	Perrier 33cl	2,60
Pepsi, Gini	2,50	Orangina	2,50
Jus de fruits	2,50		

Les Sandwichs "Baguette"

Jambon beurre	2,80	Thon	3,70
Jambon-fromage	3,40	Crabe	3,70
Fromage	2,80	Poulet	3,70

Les Crêpes Repas

Beurre	2,30	Fromage	4,00
Œuf	4,00	Jambon	4,00
Jambon-fromage	5,20		

Les Boissons Chaudes

1b Faites des conversations simples.
   Exemple

   A: Vous désirez?
   B: Je voudrais un café et un sandwich au fromage.
   A: Voilà.
   B: Ça fait combien?
   A: Ça fait 3,95 euros.

2 Choisissez les personnages et leurs
   caractéristiques.
   Exemple   *serveur – pressé*
   papa – impatient
   maman – fatiguée
   adolescent – timide

3 Organisez les accessoires.
   Exemple

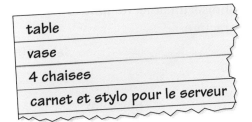

   table
   vase
   4 chaises
   carnet et stylo pour le serveur

4 Écrivez votre texte avec des conversations au
   café. Voilà quelques idées:

   – Je voudrais un coca, s'il vous plaît.
   – Je regrette, il n'y a pas de coca.
   – Pas de coca! Impossible!

   – Tu as vu le film policier au cinéma Rex?
   – Oui, c'est un film fantastique.

   – Où est le téléphone?
   – Vous sortez du café. Vous tournez à gauche
     et vous prenez la deuxième rue à droite.
     Le téléphone est près de la piscine.
   – Il n'y a pas de téléphone dans le café?

5 Apprenez vos rôles et jouez avec
   enthousiasme. Vous êtes en scène!

Équipe-Magazine

Le chien a mangé mon hamster!

Papa a dansé avec le Président!

Tu as vu les martiens sur la plage?

On a kidnappé 20 chiens!

J'AI BU DU POISON!

Céline

"...ma fille adore aller chez Quick : elle mange un repas complet et elle a le plaisir de découvrir chaque semaine une nouvelle surprise !"

Q Qualité

La Magic Box
le menu préféré des enfants

Pour faire plaisir à vos enfants, rien de plus simple. Quick a réuni tout ce qu'ils aiment dans la Magic Box !

Un menu complet avec un délicieux hamburger ou des bâtonnets de poulet (à eux de choisir selon leur envie), des frites craquantes, une boisson fraîche et même un dessert pour tous les gourmands... Le Danone à Boire , c'est un dessert sain, lacté, avec un vrai goût de fraise, un conditionnement très pratique et très rigolo. Sans oublier bien sûr, la surprise cachée dans la Magic Box !

Vous aimez le fast-food? Attention aux calories!

un hamburger Giant 551 calories	une portion de frites 268 calories
un Softy Cup (crème glacée) 166 calories	un milk-shake 396 calories

N'oubliez pas ... c'est un repas complet, pas un casse-croûte!

Révisions Unités 1, 2, 3

Regarde les sections "Tu sais …?"
pages 17, 29 et 41.

1a Trouve la bonne réponse pour chaque message.

①

Cher Martin,
Tu veux venir au cinéma ce soir? Il y a un bon film policier à 19 h 30. On se retrouve chez moi à sept heures.
Nathalie

②

Salut, Karima!
J'adore les jeux à la télé.
Tu veux regarder Questions pour un champion sur France 3 chez moi ce soir?
L'émission commence à dix-huit heures vingt. Tu veux venir?
Antoine

③

Bonjour, Antoine!
Cet après-midi, je fais du skate en ville.
Tu veux venir? On se retrouve devant le collège à quatre heures.
Martin

④

Nathalie, tu vas à la boum chez Laurence samedi soir?
Pour aller à la boum, je mets ma jupe noire et un tee-shirt. Et toi? On se retrouve chez moi à sept heures et demie pour aller à la boum?
Karima

ⓐ

Bonne idée! On se retrouve chez toi samedi soir à 19 h 30. Moi, je mets mon jean et un sweat rouge.

ⓑ

J'adore les films policiers! À ce soir, à sept heures.

ⓒ

Désolée, mais je ne veux pas regarder la télé ce soir. Je déteste les jeux et je dois faire mes devoirs.

ⓓ

Je ne peux pas. Je dois garder mon frère après le collège.

1b Écris un message comme Martin, Nathalie, Antoine ou Karima.

c Échange ton message avec un(e) partenaire. Écris une réponse.

2a 📼 Écoute. Pour chaque conversation, note:

quel film?   heure?   on se retrouve où?

2b 👥 Invente des conversations.

Exemple

A: Tu veux aller au cinéma ce soir?
B: Oui, c'est quel film?
A: C'est un film romantique.
B: Le film commence à quelle heure?
A: À sept heures trente.
B: Et on se retrouve où?
A: Chez moi?
B: D'accord.

3a C'est quel look? Habillé, décontracté ou sport?
Exemple *a – C'est le look décontracté.*

3b 📼 Écoute. C'est qui?

c 👥 Interviewe tes camarades de classe. Quel look est le plus populaire?
Exemple

A: C'est quoi, ta tenue préférée?
B: Ma tenue préférée, c'est un caleçon, un tee-shirt et des baskets.
A: Tu aimes le look sport?
B: Oui, c'est ça!

4a Recopie et complète le texte.

Quelle journée! Le matin, j'ai ...... des copains en ville et on a ...... du shopping. Moi, j'ai ...... un sweat bleu et des baskets. L'après-midi, j'ai ...... au football, j'ai ...... de la musique et j'ai .... Le soir, j'ai ...... un film de science-fiction au cinéma. Super!

> écouté retrouvé vu nagé fait joué acheté

b Relis le texte. Mets les activités dans le bon ordre et note les lettres. C'est qui?

La belle équipe

Épisode 4

Nathalie a téléphoné à la police.

Karima: Ils ont arrêté les kidnappeurs?

Martin: Oui, au café!

Antoine: Tu n'as pas voulu venir au café, Karima … Pourquoi?

Martin: Allez, je rentre! Tu viens, Antoine?

Les deux filles sont seules.

Karima: Tu sais, je voudrais bien sortir avec vous … mais je n'ai pas beaucoup de temps libre.

Nathalie: Ah non?

Karima: Je dois aider ma mère à la maison.

Nathalie: Oui, moi aussi … Aujourd'hui, j'ai rangé ma chambre et j'ai fait mon lit.

Karima: Moi, ce matin j'ai fait le ménage. Et cet après-midi, j'ai fait les courses avec maman, et puis j'ai préparé les légumes pour le dîner.

Ce soir-là, Nathalie explique tout à Antoine et Martin.

Nathalie: Karima veut sortir avec nous, mais elle n'a pas beaucoup de temps libre ...

Martin: La porte!

Nathalie: C'est la police!

Agent: Votre chien, mademoiselle.

Nathalie: Dingo!

Antoine: Tout est bien qui finit bien, non?

Martin: Oh, il est neuf heures. Je dois rentrer.

Martin, écoute ... Je pars.
Je vais habiter à Nice.

Oh, non! Maman!
Reste à Dieppe!

À suivre ...

1 Avant de lire l'épisode, trouve les paires:

a	une chambre	1	dinner
b	un lit	2	vegetables
c	arrêter	3	to go out
d	sortir	4	to go home
e	rentrer	5	to arrest
f	le dîner	6	a bedroom
g	les légumes	7	a bed

2 📼 Écoute et lis l'épisode. Ça se dit comment en français?

a You didn't want to come to the café.
b I don't have much free time.
c I made my bed.
d I tidied my bedroom.
e I went shopping with my Mum.
f I did the housework.
g Stay in Dieppe.
h I must go home.

3 Mets les phrases dans le bon ordre pour résumer l'épisode.

Exemple b, ...

a Un policier arrive avec Dingo.

b Nathalie et ses amis vont chez Karima.

c Tout le monde est content.

d Martin a une mauvaise surprise: sa mère va à Nice.

e Nathalie explique tout à Antoine et Martin.

f Karima explique à Nathalie qu'elle n'a pas beaucoup de temps libre.

g Antoine ne comprend pas pourquoi Karima ne sort pas.

Ma journée

You will learn how to ...

✓ talk about your daily routine: *Je me réveille à sept heures vingt. Je me lève à sept heures et demie.*

✓ ask someone about their daily routine: *À quelle heure est-ce que tu te réveilles?*

✓ describe someone else's daily routine: *Il se repose, il s'habille ...*

a À sept heures, je me réveille.

b À sept heures dix, je me lève.

c . et je me lave.

d À sept heures vingt, je m'habille.

e À sept heures vingt cinq, je prends le petit déjeuner.

f À huit heures moins le quart, je me brosse les dents.

1a 🔊 Regarde les dessins. Écoute et lis.

b 🔊 Écoute Alice. C'est quel dessin?

2 Recopie et complète le questionnaire pour Alice.

Expressions-clés

Je me réveille.
Je me lève.
Je me lave.
Je m'habille.
Je prends le petit déjeuner.
Je me brosse les dents.

Questionnaire:

Nom: Alice Delamarre

À quelle heure est-ce que ...

... tu te réveilles?	Je me réveille à sept heures.
... tu te lèves?	Je me lève ......
... tu t'habilles?	......
... tu prends le petit déjeuner?	......
... tu te laves?	......
... tu te brosses les dents?	......

3 👥 Interviewe ton/ta partenaire. Pose les questions du questionnaire.

4 Recopie et complète le questionnaire pour toi.

24 heures avec un top footballeur

Le footballeur Pierre Rousseau est un attaquant brillant.
On fait un documentaire sur un jour de match.

5 Relie les descriptions aux illustrations.
Exemple *1 – d*

a À 20 h 30, le match commence.
b Au stade, il se prépare pour l'entraînement. Il s'habille dans les vestiaires.
c L'après-midi, il se repose en famille à la maison.
d À 8 h 30, le réveil sonne. Pierre se réveille.
e De 10h à 11h, il s'entraîne avec le reste de l'équipe.
f À midi, il fait une interview pour la télé.

6 👥 **A** décrit une illustration. **B** donne le numéro de l'illustration.

A *Il se réveille.*

B *Numéro 1.*

Zoom sur... *les verbes pronominaux*

Dans les verbes **pronom**inaux, il y a **un pronom**.

Quel pronom?
Ça dépend de la personne.

7 Quel pronom? (Relis les pages 48 et 49 pour trouver des exemples.)
a Je ...... réveille.　　**b** Tu ...... lèves.
c Il ...... repose.

Pour l'infinitif, le pronom, c'est **se** (ou **s'**).

8 Recopie et complète la grille.

infinitif	je	tu	il/elle/on
se réveiller	je me réveille		
se lever		tu te lèves	
s'habiller			il s'habille
		je me lave	
se reposer		tu te reposes	

148

Opinions

You will learn how to …

✓ understand some comments about teenagers: *Ils se couchent tard. Le week-end, ils ne se lèvent pas avant midi.*

✓ agree/disagree with other people's opinions: *Je suis d'accord. Je ne suis pas d'accord.*

Bonjour le soleil

Refrain
Tu [1] le matin
Et le monde [2]
Et tu brilles
Et la vie
Est plus belle.
Bonjour, bonjour le soleil,
Tu [3] et le monde [4].

Au soleil, sous la pluie,
On [5], on [6].
À midi, à minuit,
C'est normal, c'est la vie.
Refrain

Je [7], je [8],
Au collège, c'est lundi.
Vivement samedi!
C'est normal, c'est la vie.
Refrain

Je [9] chaque soir,
Je [10], tôt ou tard,
Doucement, sans cauchemars,
C'est normal, c'est comme ça.
Refrain

1a Écoute la chanson.

b Réécoute et lis la chanson. Remplace les chiffres avec les verbes:
s'amuse   me lève   te lèves   se réveille
s'ennuie   m'endors   te lèves   se réveille
m'habille   me couche
Exemple [1] – *te lèves*

c Chante avec la cassette.

Guide pratique

2 *Tu fais une traduction? Attention!*
Voici des extraits de la chanson. Choisis la bonne traduction, *a* ou *b*.

1 sous la pluie   **a** under the rain
                   b in the rain

2 au soleil   **a** at the sunshine
              b in the sunshine

3 c'est la vie   **a** it's the life
               b that's life

4 on s'ennuie   **a** we get bored
               b we bore ourselves

Dictionnaire

• Tu cherches *un verbe* dans le dictionnaire?
  Cherche *l'infinitif*.
Exemple *je glisse* → **g***lisser*
*[regarde à la lettre **g**]*

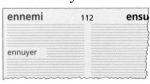

• Tu cherches *un verbe pronominal*?
  Cherche *l'infinitif*.
Exemple *tu t'ennuies* → *s'ennuyer*
*[regarde à la lettre **e**]*

3 Mets les verbes à l'infinitif et cherche dans un dictionnaire.

Le dimanche, *je me promène* en ville avec mon grand frère. *Il se moque* de moi. *On se dispute* toujours. Le soir, *je me couche* à dix heures et *je m'endors* tout de suite.

Opinions sur ... les adolescents

a Ils ne sont pas sympa.

b Ils se couchent tard.

c Ils ne respectent pas la discipline.

d Ils se ressemblent tous.

e Le week-end, ils ne se lèvent pas avant midi.

f Ils se disputent avec leurs frères et sœurs.

g Ils ne s'intéressent pas au travail scolaire.

h Ils s'ennuyent toujours.

4a Lis les opinions. Tu es d'accord?
Exemple   Oui, je suis d'accord./Non, je ne suis pas d'accord.

b [cassette] Écoute les interviews dans la rue. Note les opinions dans l'ordre mentionné.
Exemple   a, ...

c [cassette] Lis l'opinion de Martin. Continue les contradictions. Écoute la cassette pour vérifier.

En général, les adolescents sont sympa. Ils ne se couchent pas tard. Ils respectent la discipline ...

ZOOM sur... **les verbes pronominaux au négatif**

je **ne** m'ennuie **pas**
tu **ne** t'amuses **pas**? ils **ne** s'ennuyent **pas**

5 Mets les phrases à la forme négative.
a Je me lève tard.
b Tu te couches avant minuit.
c Martin s'intéresse au sport.
d On s'ennuie.
e Ils se réveillent avant toi.

6 Les opinions *a–h*, elles sont vraies pour toi?
Exemple   Je ne me couche pas tard.

149

- -

Expressions-clés

ils/elles	**se** lèv**ent**	Oui, je suis d'accord.
	se couch**ent**	Non, je ne suis pas d'accord.
	se disput**ent**	
	se ressembl**ent**	
	s'intéress**ent**	
	s'ennuy**ent**	

J'ai donné un coup de main

You will learn how to ...

✓ name different household chores: *ranger sa chambre, faire la vaisselle*

✓ say what you/others have done to help at home: *Qu'est-ce que tu as fait? Hier, j'ai rangé ma chambre, j'ai fait mon lit. Tu as fait ton lit? Il a fait les courses.*

Pour aider à la maison, on peut ...

c FAIRE LE MÉNAGE

d FAIRE LES COURSES

a RANGER SA CHAMBRE

b FAIRE LA CUISINE

e FAIRE SON LIT

f METTRE LE COUVERT

g FAIRE LA VAISSELLE

1a 🔊 Écoute. Note les suggestions de Martin, Nathalie, Antoine, Flore, Thomas et Kristelle.
Exemple *Martin – e*

b 👥 **A** mime une tâche. **B** devine.

B (*Faire le ménage?*)

1c Fais une liste des tâches. 1 = la plus agréable, 7 = la moins agréable.

2 🔊 Recopie la liste des tâches. Écoute et complète.

	Julie	David	Charline
lundi		faire les courses	
mardi	faire le ménage		
mercredi			faire la cuisine
jeudi	ranger la chambre		
vendredi		faire la vaisselle	

3 🔊 Écoute Karima. Trouve le dessin qui ne va pas.

4 👥 Interviewe ton/ta partenaire.
Exemple

A: Qu'est-ce que tu as fait ce week-end?
B: J'ai fait mon lit et j'ai fait la vaisselle.
A: Tu as rangé ta chambre?
B: Non, je n'ai pas rangé ma chambre. Je déteste ça!

5 Qu'est-ce qu'ils ont fait hier?
Exemple *Pierre a mis le couvert, il a fait les courses et il a …*

Expressions-clés

Qu'est-ce que tu as fait?
Lundi,   j'ai fait la cuisine
Hier,   j'ai fait mon lit
Ce week-end,   j'ai fait la vaisselle
                  j'ai fait le ménage
                  j'ai fait les courses
                  j'ai mis le couvert
                  j'ai rangé ma chambre
Tu as fait ton lit? Non, je n'ai pas fait mon lit.
Qu'est ce que Max a fait? Il a rangé sa chambre.

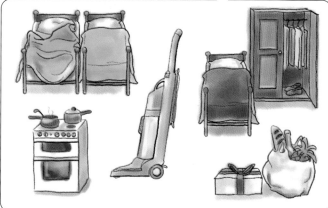

Encore!

Qu'est-ce que tu as fait pour aider à la maison hier?

En plus …

Décris ce que chaque membre de ta famille a fait hier.
Exemple

J'ai … Mon père a … Ma mère a …

Ça se dit comme ça!

Attention! En français, *qu* se prononce *k*.

*Le s**k**i*
*Un garçon glissant sur ses s**k**is,*
*disait: "Ah! le s**k**i, c'est ex**qu**is,*
*je me demande bien ce **qu**i*
*est plus commode **qu**e le s**k**i!"*

un poème de Pierre Gamarra

6a 🔊 Écoute et lis le poème.

b Lis le poème à haute voix. Apprends par cœur.

Cher correspondant

You will learn how to ...

✓ write a letter to a penfriend describing your daily routine: *Pendant la semaine, je me lève à sept heures. Hier, je n'ai pas fait mes devoirs.*

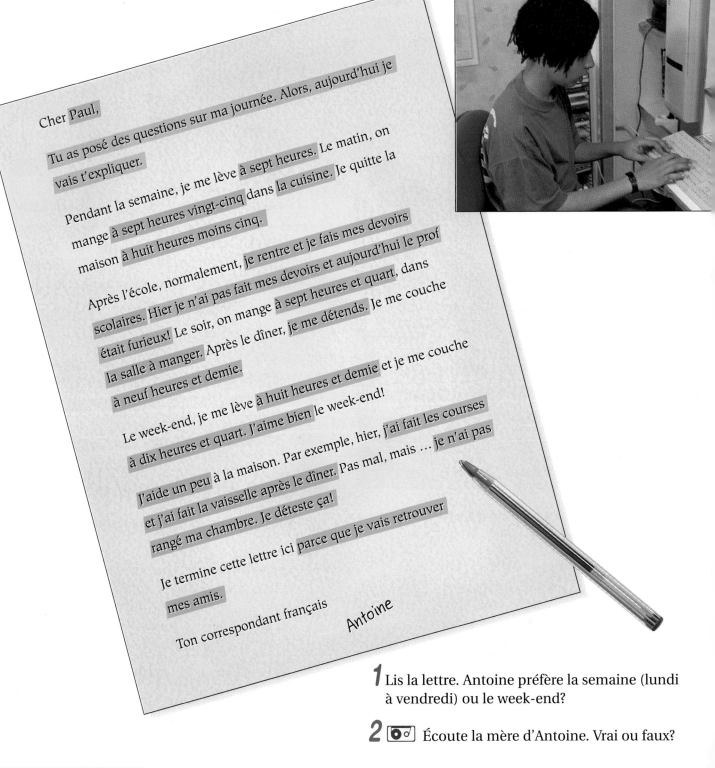

Cher Paul,

Tu as posé des questions sur ma journée. Alors, aujourd'hui je vais t'expliquer.

Pendant la semaine, je me lève à sept heures. Le matin, on mange à sept heures vingt-cinq dans la cuisine. Je quitte la maison à huit heures moins cinq.

Après l'école, normalement, je rentre et je fais mes devoirs scolaires. Hier je n'ai pas fait mes devoirs et aujourd'hui le prof était furieux! Le soir, on mange à sept heures et quart, dans la salle à manger. Après le dîner, je me détends. Je me couche à neuf heures et demie.

Le week-end, je me lève à huit heures et demie et je me couche à dix heures et quart. J'aime bien le week-end!

J'aide un peu à la maison. Par exemple, hier, j'ai fait les courses et j'ai fait la vaisselle après le dîner. Pas mal, mais ... je n'ai pas rangé ma chambre. Je déteste ça!

Je termine cette lettre ici parce que je vais retrouver mes amis.

Ton correspondant français   Antoine

1 Lis la lettre. Antoine préfère la semaine (lundi à vendredi) ou le week-end?

2 🔊 Écoute la mère d'Antoine. Vrai ou faux?

Guide pratique

Adapter un texte

Pour adapter un texte:
- choisis les éléments à changer (en vert dans la lettre d'Antoine)
- choisis les éléments à éliminer (en orange dans la lettre)

3 Écris une lettre et décris ta journée. Adapte la lettre d'Antoine. (Élimine les expressions en orange. Change les expressions en vert.)
Exemple *Pendant la semaine, je me lève à sept heures dix.*

Zoom sur ... *le passé composé au négatif*

✓ *j'ai rangé ma chambre*

✗ *je n'ai pas rangé ma chambre*

4 Mathieu Lementeur ne dit pas la vérité. Recopie et mets les phrases à la forme négative.

Ce matin, j'ai fait mon lit et j'ai rangé ma chambre. Marion a mis le couvert pour le petit déjeuner et elle a préparé le café. Mes parents ont fait les courses l'après-midi, et ils ont fait le ménage. Papa a fait la cuisine à sept heures et Marie et moi nous avons fait la vaisselle.

149

✓ *ils ont fait les courses*

✗ *ils n'ont pas fait les courses*

Tu sais ... ?

✓ parler de ta journée	*À quelle heure est-ce que tu te réveilles? Je me réveille à sept heures vingt. Je me lève à sept heures et demie.*
✓ décrire la journée de quelqu'un	*Il se repose, elle s'habille, ils se couchent ...*
✓ dire si tu es d'accord	*Je suis d'accord. Je ne suis pas d'accord.*
✓ parler des travaux ménagers	*Qu'est-ce que tu as fait? Hier/Lundi, j'ai rangé ma chambre, j'ai fait mon lit. Tu as mis le couvert? Mon frère a fait les courses. Je n'ai pas fait mon lit.*

Et en grammaire ... ?

✓ les verbes pronominaux	*se coucher: je me couche, tu te couches, il/elle/on se couche, ils/elles se couchent*
✓ les verbes pronominaux au négatif	*Je ne m'ennuie pas. Tu ne t'amuses pas? Ils ne se couchent pas tard.*
✓ les verbes au passé composé au négatif	*Hier, je n'ai pas fait mes devoirs. Tu n'as pas fait les courses? Ils n'ont pas fait les courses.*

En équipe

Tu es d'accord avec Nathalie ou avec Antoine? Qui a raison? Fais un sondage dans la classe.

Qui a fait quoi?

À la maison, les filles font plus de travail que les garçons.

Je ne suis pas d'accord!

1 Préparez un questionnaire. Écrivez 10 questions.

2 Interviewez vos camarades de classe.

Non, la semaine dernière, je n'ai pas rangé ma chambre.

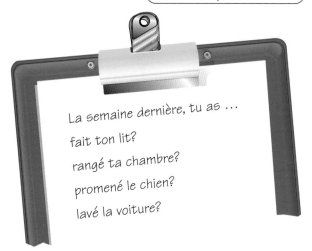

La semaine dernière, tu as …

fait ton lit?

rangé ta chambre?

promené le chien?

lavé la voiture?

3 Présentez les résultats du sondage.

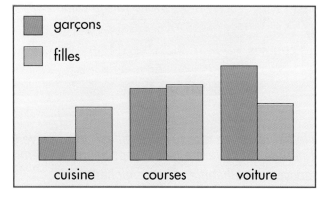

■ garçons
■ filles

cuisine   courses   voiture

Classe 8E2
Sondage: Qui a fait quoi à la maison?
Nous avons interviewé 20 personnes: 10 filles et 10 garçons.
La semaine dernière quatre filles ont fait la cuisine mais seulement trois garçons.
Sept garçons ont lavé la voiture mais seulement six filles.

4 Résumez les résultats pour une interview à la radio. Enregistrez l'interview, si possible.

Équipe-Magazine

S.O.S.

Tu as un problème? Envoie ton courrier à Valérie. Elle t'aidera à trouver une solution.

Chère Valérie
J'ai treize ans et j'habite à Clermont-Ferrand. Mes parents sont très sévères. Le soir, je me couche à huit heures, même le week-end. Mon père dit que c'est une heure raisonnable. Tu es d'accord?

Sophie

Chère Sophie
Non, je ne suis pas d'accord. Tu te lèves à quelle heure le matin? Parle avec tes parents. Demande la permission de te coucher plus tard le week-end. Ton père peut consulter un professeur ou le père/la mère d'un(e) adolescent(e) de ton âge.

Valérie

Chère Valérie
Je partage une chambre avec mon grand frère. Il est perfectionniste et très impatient. Il n'aime pas le désordre. Moi, je n'aime pas ranger. Je ne fais pas mon lit le matin. Mon frère est furieux contre moi.

Manuel

Cher Manuel
Fais un effort. Dis à ton frère que tu vas faire ton lit tous les matins (cela n'est pas si difficile!), s'il est plus patient.

Valérie

Chère Valérie
J'ai un gros problème! J'habite un petit appartement avec ma mère et ma sœur. Ma mère est professeur et elle a beaucoup de travail au collège. Moi, je fais les courses, je fais le ménage, je prépare le dîner. Mais ma sœur est pénible. Elle n'aide pas à la maison.

Olivier

Cher Olivier
Avec ta mère et ta sœur, écris un planning avec tous les travaux ménagers. Partagez le travail. Par exemple: le mardi, tu fais les courses, ta sœur fait le ménage et ta mère fait la cuisine. Le mercredi, tu fais le ménage, ta mère fait les courses et ta sœur fait la cuisine, etc, etc.

Valérie

elle t'aidera – she will help you
ma sœur est pénible – my sister's a pain
partager – to share

La belle équipe

Épisode 5

Karima: Samedi, on fête mon anniversaire. Vous venez? Mes parents sont d'accord!
Martin: Moi, samedi, je ne peux pas.
Antoine: Qu'est-ce que tu as, Martin?
Nathalie: Tu es triste en ce moment, Martin, hein!

Lundi matin, au collège

Martin: Antoine et Karima sont heureux!
Nathalie: Oui! Samedi, on est allés chez Karima. Ses parents ont adoré Antoine, alors, elle est contente!
Karima: Tu n'es pas venu, Martin. Pourquoi?
Martin: Oh, euh … c'était l'anniversaire de mon père. On est allés au restaurant.

Jours de fête

Après les cours, chez Martin

Nathalie: Martin, qu'est-ce qui ne va pas?

Martin: Ma mère est partie. Elle habite à Nice maintenant. Je veux aller voir ma mère à Nice. C'est important pour moi.

Nathalie: Ton père est d'accord?

Martin: Non! Il dit qu'on n'a pas d'argent pour le train … mais ce n'est pas vrai!

Martin, non! Tu es fou!

La seule solution: je pars en stop ce soir.

À suivre …

1 Avant de lire l'épisode, relie les mots aux définitions.

a l'anniversaire	**1**	une ville dans le sud de la France
b Nice	**2**	très très content
c le stop	**3**	le jour de la date de naissance
d heureux	**4**	arrêter une voiture pour voyager

2a 🔊 Écoute et lis.

b Recopie et complète avec la bonne personne.
Exemple   1 – Karima

1 ...... a invité ses amis pour son anniversaire.
2 ...... ont adoré Antoine.
3 ...... n'est pas allé chez Karima.
4 ...... est allé au restaurant.
5 ...... est partie habiter à Nice.

3 Choisis le bon résumé.

A
Karima a invité ses amis pour son anniversaire. Antoine et Nathalie ont adoré les parents de Karima. Martin n'est pas allé chez Karima, il est allé à Nice, chez sa mère. Son père a donné de l'argent pour le train.

B
Nathalie et Antoine sont allés chez Karima pour son anniversaire. Les parents de Karima ont adoré Antoine. Martin n'est pas allé chez Karima. Il est très triste parce que sa mère est partie habiter à Nice. Il veut aller voir sa mère mais son père n'est pas d'accord. Martin veut partir en stop.

Bonne fête!

You will learn how to ...

✓ name special events and festivals: *Noël, le Nouvel An, Pâques, l'Aïd*

✓ ask and give dates: *C'est quand, ta fête? C'est le premier mars.*

✓ wish people Merry Christmas, Happy Birthday … : *Joyeux Noël! Bon anniversaire!*

Dans le calendrier français, chaque jour a un nom de saint. Si tu t'appelles Kévin, ta fête, c'est le 3 juin. Le jour de ta fête, on dit: «Bonne fête, Kévin!»

JANVIER	FÉVRIER	MARS	AVRIL	MAI	JUIN
1 Jour de l'an	1 Ella	1 Cendres	1 Hugues	1 FETE DU TRAVAIL	1 Justin
2 Basile	2 Présentation	2 Charles le Bon	2 Sandrine	2 Boris	2 Blandine
3 Geneviève	3 Blaise	3 Guénolé	3 Richard	3 Jacques/Philippe	3 Kévin
4 Odilon	4 Véronique	4 Casimir	4 Isidore	4 Sylvain	4 PENTECOTE
5 Edouard	5 Agathe	5 Carême	5 Irène	5 Judith	5 Igor
6 Mélaine	6 Gaston	6 Colette	6 Marcellin	6 Prudence	6 Norbett
7 Raymond	7 Eugénie	7 Félicité	7 J.B. de la Salle	7 Gisèle	7 Gilbert
8 Epiphanie	8 Jacqueline	8 Jean de D	8 Julie	8 VICTOIRE 1945	8 Médard
9 Alix	9 Apolline	9 Françoise	9 Rameaux	9 Pacôme	9 Diane
10 Guillaume	10 Arnaud	10 Vivien	10 Fulbert	10 Solange	10 Landry
11 Paulin	11 N.-D. Lourdes	11 Rosine	11 Stanislas	11 Estelle	11 Barnabé
12 Tatiana	12 Félix	12 Justine	12 Jules	12 Achille	12 Guy
13 Yvette	13 Béatrice	13 Rodrigue	13 Ida	13 Rolande	13 Antoine de P.
14 Nina	14 Valentin	14 Mathilde	14 Maxime	14 Jeanne d'Arc	14 Elisée
15 Rémi	15 Claude	15 Louise	15 Paterne	15 Denise	15 Germaine
16 Marcel	16 Julienne	16 Bénédicte	16 PAQUES	16 Honoré	16 J.F. Regis
17 Roseline	17 Alexis	17 Patrice	17 Anicet	17 Pascal	17 Hervé
18 Prisca	18 Bernadette	18 Cyrille	18 Parfait	18 Eric	18 Fête-Dieu
19 Marius	19 Gabin	19 Joseph	19 Emma	19 Yves	19 Romuald
20 Sébastien	20 Aimée	20 Herbert	20 Odette	20 Bernardin	20 Silvère
21 Agnès	21 Pierre Damien	21 PRINTEMPS	21 Anselme	21 Constantin	21 ETE
22 Vincent	22 Isabelle	22 Léa	22 Alexandre	22 Emile	22 Alban
23 Barnard	23 Lazare	23 Victorien	23 Georges	23 Didier	23 Audrey
24 François de Sales	24 Modeste	24 Catherine Su.	24 Fidèle	24 Donatien	24 Jean-Baptiste
25 Conv. S Paul	25 Roméo	25 Annonciation	25 Marc	25 ASCENSION	25 Prosper
26 Paule	26 Nestor	26 Larissa	26 Alida	26 Bérenger	26 Anthelme
27 Angèle	27 Honorine	27 Habib	27 Zita	27 Augustin	27 Fernand
28 Thomas d'Aquin	28 Mardi-Gras	28 Gontran	28 Valérie	28 Fête des Mères	28 Irénée
29 Gildas		29 Gwladys	29 Catherine de Si.	29 Aymar	29 Pierre/Paul
30 Martine		30 Amédée	30 Jour du Souvenir	30 Ferdinand	30 Martial
31 Marcelle		31 Benjamin		31 Visitation	

1 🎙️ Écoute et regarde le calendrier. C'est quel nom?
Exemple *1 – Benjamin.*

2 👥 Choisis un nom en secret. Ton/Ta partenaire devine.

A *C'est quand, ta fête?*

B *C'est le 2 avril.*

A *Tu t'appelles Sandrine!*

Expressions-clés

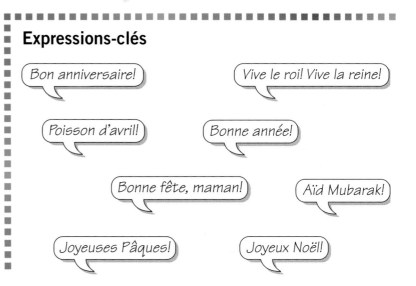

Bon anniversaire!

Vive le roi! Vive la reine!

Poisson d'avril!

Bonne année!

Bonne fête, maman!

Aïd Mubarak!

Joyeuses Pâques!

Joyeux Noël!

Fêtes de famille

a 25 décembre

b mars/avril

c mai

d Aïd-el-Fitr, fin du Ramadan

g 6 janvier

e 1er janvier

h

f 1er avril

3a Quelles sont ces fêtes? Devine!
   Exemple   a – C'est Noël.

b 🔊 Écoute et vérifie.

c 🔊 Réécoute et regarde les expressions-clés,
   page 60. Qu'est-ce qu'on dit pour ces fêtes?
   Exemple   a – Joyeux Noël!

Ça se dit comme ça!

4a 🔊 Écoute et répète.
   *Exemple   Bon anniversaire! la la la la la! Bon
   anniversaire!*

b 👥 Entraîne-toi avec ton/ta partenaire.
   Exemple

   A: C'est le 1er janvier.
   B: Bonne année!
      C'est la fête des mères.
   A: Bonne fête, maman!

Mots-clés

Noël	l'Aïd-el-Fitr
le Nouvel An	le Premier avril
la fête des Rois*	la fête des mères
Pâques	un anniversaire

*Lis l'article page 69.

Encore!

Écris les fêtes en ordre d'importance pour toi.
*Exemple   Mon anniversaire, Noël,
l'anniversaire de mon frère, …*

En plus …

Fais ton calendrier personnel avec les dates
importantes.
*Exemple   Le 1er janvier, c'est le Nouvel An.
Le 8 février, c'est l'anniversaire de ma mère, …*

Ma fête préférée

1 Antoine

Ce jour-là, je mets mes beaux vêtements: un beau pantalon et une belle chemise. Mes grands-parents viennent manger à midi. J'ai beaucoup de cadeaux! On mange une grosse dinde et on boit du champagne. On joue avec mes nouveaux jeux de société. C'est sympa!

a **Anniversaire**

2 Nathalie

Ce jour-là, je vais au bal de rue avec des copains. Il y a de la bonne musique, on danse, c'est sympa! Vers dix heures et demie, on va voir le feu d'artifice. On mange des frites et de grosses gaufres. On boit du cidre ou du coca.

b **Noël**

d **14 juillet**

3 Martin

Ce jour-là, je fais une boum pour mes copains. J'ai des cadeaux: des CD ou des vidéos. On écoute un nouveau CD, on discute ou on regarde mes nouvelles vidéos. On mange un gros gâteau au chocolat et on boit des milk-shakes. J'adore ça!

c **Aïd**

4 Karima

Ce jour-là, la famille vient à la maison. D'abord, on mange de belles dattes et on boit du thé. Ma mère prépare un bon repas: une chorba, un couscous et beaucoup de bons petits gâteaux. J'ai aussi un cadeau: un peu d'argent.

1 🔊 Écoute et lis. Relie les photos aux textes.

Dictionnaire

2 📖 Trouve ces mots dans le dictionnaire. Fais trois listes.

beau/belle	venir	dinde
nouveau/nouvelle	bal	feu d'artifice
gaufre	boum	discuter
datte	repas	

Exemple

Nom (n)	Adjectif (adj)	Verbe (v)
une dinde	*beau/belle*	*venir*
(turkey)	*(beautiful)*	*(to come)*

Quand tu notes un mot, note si c'est un nom, un adjectif ou un verbe. C'est très utile pour faire des phrases!

3a *Il ou elle, c'est qui?*
Exemple   Il ou elle s'habille bien. C'est Antoine.

   a Il ou elle aime les tenues habillées.
   b Il ou elle va danser.
   c Il ou elle a un peu d'argent.
   d Il ou elle invite ses amis.

b Invente et écris d'autres *il ou elle* pour ton/ta partenaire.
Exemple   Il ou elle a des cadeaux avec ses grands-parents. [C'est Antoine.]

4 📼 Écoute l'interview de Sophic. Relie les questions et réponses dans les expressions-clés.
Exemple   1 – d

5a Relis les textes. Fais une liste d'expressions utiles.
Exemple   Je fais une boum, mes grands-parents viennent manger, …

b 👥 Pose les questions des expressions-clés à ton/ta partenaire. Réponds à ses questions.
Exemple

   A: C'est quoi, ta fête préférée?
   B: C'est mon anniversaire.
   A: Comment est-ce que tu fêtes ton anniversaire?
   B: Je fais une boum …

142 →

Zoom sur… les adjectifs

Attention aux adjectifs irréguliers!

6 Regarde pages 60–63. Recopie et complète le tableau pour les adjectifs suivants: *beau**, *nouveau**, *gros*, *bon*.

	singulier	*pluriel*
masculin	beau*	beaux
	nouveau*	……
	gros	gros
	bon	……
féminin	belle	belles
	nouvelle	……
	……	……
	……	bonnes

* *bel/nouvel* (devant une voyelle!)

7 Choisis le bon adjectif.

  a un *gros/grosse* œuf de Pâques
  b le *Nouvel/Nouveau* An en France

  c une *belle/beau* chemise
  d une *gros/grosse* bouteille de champagne

Expressions-clés

1 C'est quoi, ta fête préférée?
2 Comment est-ce que tu fêtes … ?
3 Qu'est-ce que tu manges?
4 Qu'est-ce que tu bois?
5 Est-ce que tu as des cadeaux?

a Je bois un peu de champagne et de la limonade.
b Je vais chez mes grands-parents.
c Oui, j'ai un gros œuf en chocolat.
d C'est Pâques.
e Je mange un bon repas, avec du poisson.

Un bon souvenir

You will learn how to ...

✓ describe a past event in detail: *J'ai pique-niqué à la plage. On a mis des bougies dans la maison. Je suis allé(e) à la messe.*

Trois fêtes à travers le monde francophone

A

Étienne – Pointe-à-Pitre, en Guadeloupe:

«Cette année, Pâques, c'était le 30 mars. Le matin, je suis allé à la messe avec mes parents. À midi, j'ai pique-niqué à la plage. J'ai fait un concours de châteaux de sable!»

B

Savitri – Pondichéry, en Inde:

«Divali, c'est la fête de la lumière. Cette année, c'était le 7 novembre. Je suis allée au temple. Le soir, on a mis des bougies dans la maison. Ma famille est venue et on a mangé des chapatis et du curry. On a bu du lassi, une boisson au yaourt. Le soir, on est allés voir le feu d'artifice. C'était super!»

C

Odile – Binche, en Belgique:

«Le Carnaval, c'est le week-end avant Mardi Gras. Le dimanche, ma sœur et moi, nous avons mis un costume et un masque. Nous sommes allées dans les rues pour le défilé. Le lundi, nous avons fait une petite fête avec mes cousins. L'après-midi, nous avons jeté des oranges dans les rues. C'est la tradition! Le soir, nous sommes allés voir le feu d'artifice.»

1a Écoute et lis.

b 📖 Cherche seulement deux mots par liste dans le dictionnaire.

texte A: messe – pique-niquer – concours – sable
texte B: lumière – bougies – yaourt – curry
texte C: costume – masque – défilé – jeter

Dictionnaire

Ne cherche pas tous les mots dans le dictionnaire. Certains mots français ressemblent à l'anglais. Tu peux deviner!
Exemple *parents, pique-nique, ...*

2a Relie chaque fête à deux illustrations.
Exemple *1 – b, …*

 1 Pour Divali,
 2 Pour Pâques,
 3 Au Carnaval de Binche,

b Trouve la bonne phrase pour chaque illustration.
Exemple *a – J'ai fait un concours de châteaux de sable.*

ZOOM sur … *le passé composé*

3 Relis les textes. Recopie les verbes au passé composé.
Exemples
j'ai pique-niqué on a mangé

 • Il y a aussi le passé composé avec *être*.
Exemples
je *suis allé*   ma famille *est venue*
nous *sommes allées*

4 Relis les textes. Tu peux trouver les autres exemples du passé composé avec *être*?

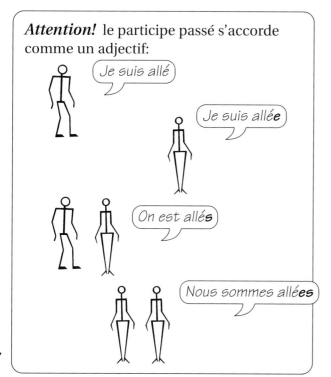

Attention! le participe passé s'accorde comme un adjectif:

Je suis allé

Je suis allée

On est allés

Nous sommes allées

147

Guide pratique

Travaille ta mémoire!

 • Relis les trois textes. Essaie de te rappeler deux choses sur chaque fête.
 • Apprends un des trois textes par cœur. Comment? Essaie:
   – lis les phrases à haute voix
   – fais un dessin par phrase
   – mime chaque phrase.

5 Jeu de mémoire.

A *Cette année, Pâques, c'était le 30 mars.*

B *Cette année, Pâques, c'était le 30 mars. Le matin, je suis allé à la messe avec mes parents.*

Encore!

Choisis une des trois fêtes. De mémoire, écris/enregistre trois phrases sur cette fête.

En plus …

Choisis ta fête préférée cette année.
Écris/Enregistre trois phrases.
Exemple *Pour Noël, je suis allé(e) …*

Vive la fête!

5

You will learn how to ...
✓ decide when to make the *liaison* with words that end in -*n*
✓ give and understand personal information (revision)

Interlude

Refrain
Aujourd'hui, c'est la fête,
J'aime les fêtes, toutes les fêtes.
Aujourd'hui, c'est la fête,
Alors, vive la fête!

C'est le jour de Noël.
On a bu, on a mangé,
On a ri, on a chanté.
Moi, j'aime le jour de Noël!
«Joyeux Noël
Et bonnes fêtes de fin d'année.»
Refrain

C'est le jour du Nouvel An,
On a bien réveillonné,*
On est un peu fatigués.
Moi, j'adore le Nouvel An!
«Bonne année, bonne santé,
Fouille ta poche pour me donner!»
Refrain

C'est mon anniversaire.
Aujourd'hui, j'ai quatorze ans,
J'ai invité plein de gens,
Ça va être une boum super!
«Joyeux anniversaire,
Nos vœux les plus sincères …»

Refrain:
Aujourd'hui, c'est la fête,
J'aime les fêtes, toutes les fêtes,
Mais ma fête préférée,
C'est mon anniversaire!!!

---

* réveillonner: faire la fête le 24 et le
   31 décembre

---

1 🔊 Écoute la chanson. Choisis une carte pour chaque couplet.

2 Apprends la chanson et chante.

Ça se dit comme ça!

Les liaisons (le n)

Avant une voyelle, on prononce le *n*.

3 🔊 Écoute et répète.
C'est ton cadeau?   Bon voyage!
C'est to<u>n a</u>mi?   Bo<u>n a</u>nniversaire!
   (n)   (n)
         On chante!
         O<u>n a</u> chanté!
          (n)

4 🔊 À toi! Écoute pour vérifier.
Bon appétit!
On a eu des cadeaux.
Il fête son anniversaire avec son ami Simon.

Gros plan sur Hugo à Dieppe

Guide pratique

Gros plan sur … est une page de révision.
Pour bien réviser:
- relis tes notes et ton vocabulaire
- relis les expressions-clés dans le livre (ici, unités 1–4)
- enregistre les expressions-clés sur une cassette et écoute souvent!
- écris sur des post-it et colle dans ta chambre ou aux WC!

5 🔊 Écoute et lis. Numérote les questions dans l'ordre de la cassette.

Exemple   1 – c

a Qu'est-ce que tu mets pour aller au collège?
b Tu as des frères et sœurs?
c Tu t'appelles comment?
d Qu'est-ce que tu aimes manger?
e Qu'est-ce que tu aimes regarder à la télé?
f Ton film préféré, c'est quoi?
g Tu as quel âge?
h Ta fête préférée, c'est quoi?
i Où habites-tu?
j C'est quoi, ton look préféré?

6 🔊 Écoute et note les réponses d'Hugo.

7 Écris/Enregistre l'autobiographie d'Hugo.

Je m'appelle .... J'ai ...... ans. J'habite à ....
J'ai ...... sœur. Mon look préféré, c'est ....
Pour aller au collège, je mets ....

À la télé, j'aime regarder .... Mon film
préféré, c'est .... J'adore manger des ....
Ma fête préférée, c'est ....

Tu sais … ?

✓ parler des dates et des fêtes	*C'est quand, ta fête? C'est le 3 mars. C'est quoi, ta fête préférée? C'est Noël! Joyeux Noël!*
✓ décrire une fête	*Comment est-ce que tu fêtes … ? Je fais une boum, on va voir le feu d'artifice. Cette année, c'était super! Nous avons fait une fête. J'ai pique-niqué.*

Et en grammaire … ?

✓ les adjectifs irréguliers	*bon, gros, nouveau, beau*
✓ le passé composé avec *être*	*je suis allé(e), elle est venue*

En équipe

Préparez un calendrier des événements importants de l'année

1 Faites une liste de toutes les grandes fêtes. Écrivez les dates.
Exemple *Pâques, c'est le … mars/avril.*

2 Sondage: faites une liste de tous les anniversaires de la classe.
Question: *C'est quand, ton anniversaire?*
Réponse: *C'est le 21 mars.*

3 Chaque équipe prépare le calendrier pour un ou plusieurs mois.
a Ajoutez des bulles!

> *Joyeux Noël!*

b Pour chaque grande fête, répondez à ce questionnaire.

> Comment est-ce qu'on fête … ?
>
> Qu'est-ce qu'on mange?
>
> Qu'est-ce qu'on boit?
>
> Qu'est-ce qu'on met comme vêtements?

Exemple

> *La fête du collège, c'est le 12 mai. On organise une grande fête. On joue de la musique, on fait du théâtre. On mange des hamburgers et des sandwichs. On boit du coca. On met des vêtements de sport.*

Le calendrier illustré

mars

14	21
15	22 Anniversaire de Peter
16	*Bon anniversaire!*
17 La Saint-Patrick	23 Anniversaire de Claire
	24
	25 La Fête des Mères
	Bonne fête, Maman!
18	
19	26
20	27

> *Pour la Saint-Patrick, on fait une bonne fête, avec de la musique et de la danse irlandaise. L'année dernière, on a regardé une vidéo de "Riverdance". C'était génial.*

c Pour illustrer: trouvez des photos de l'année dernière, faites des dessins et écrivez des commentaires.
Exemple

L'année dernière, pour la fête des écoles, on a pique-niqué à la plage. On a mangé des sandwichs et on a bu du coca. Les profs sont venus avec nous, c'était sympa!

Maintenant, affichez vos calendriers au mur!

Équipe-Magazine

Charlie le chat

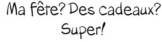

> C'est ta fête aujourd'hui, Charlie. On a des cadeaux pour toi!

> Ma fête? Des cadeaux? Super!

> POISSON D'AVRIL!!!

LA GALETTE DES ROIS

12 jours après Noël, c'est l'Épiphanie. En France, on mange la "galette des Rois", un gâteau rond et plat. Dans une des parts de la galette, il y a une fève*. Si tu as la fève, tu mets la couronne en papier et tu es roi ou reine pour un jour! On dit: «Vive le roi! Vive la reine!»
* fève: *charm*

LE RÉVEILLON

Le 24 décembre, c'est le réveillon de Noël; le 31 décembre, c'est le réveillon de la Saint-Sylvestre. En général, pour le réveillon, on mange tard. C'est un bon repas, avec des huîtres, du champagne et des plats sophistiqués!

La belle équipe

Épisode 6

Martin est triste: sa mère est partie habiter à Nice. Martin veut aller à Nice en stop.

Nathalie: Martin, ne pars pas en stop. C'est trop dangereux. On va demander le prix du billet de train à la gare, d'accord?

Martin: On prend le bus pour aller à la gare?
Nathalie: Oui. Il y a un bus à quelle heure?
Martin: Maintenant!

À la gare

Martin: C'est combien l'aller-retour pour Nice, s'il vous plaît?
Employée: C'est 165,20 euros.
Martin: Tu vois Nathalie, je n'ai pas assez d'argent!
Nathalie: Eh! J'ai une idée! Fais un petit boulot pour gagner de l'argent!

4

Nathalie: Antoine!

Martin: Qu'est-ce qui se passe?

Antoine: Ces deux gars-là sont partis avec tout mon argent!

Martin: Ils sont au collège, non?!

Antoine: Oui, ils font du racket ... J'ai peur!

Nathalie: C'est vraiment horrible! Qu'est-ce qu'on peut faire?

À suivre ...

1 Avant de lire l'épisode, choisis.

1 Martin veut aller voir sa mère à Nice
  a   à vélo.
  b   en stop.

2 Pour aller à Nice, Nathalie suggère à Martin de prendre
  a   le train.
  b   le bateau.

3 Pour un voyage en train Dieppe-Nice-Dieppe, on achète
  a   un billet aller.
  b   un billet aller-retour.

4 Le racket au collège, c'est
  a   un sport.
  b   quand on prend l'argent des autres.

5 Pour avoir de l'argent, Martin va
  a   faire un petit boulot.
  b   faire du racket au collège.

2a 🎧 Écoute et lis.

b Ça se dit comment en français?
  a   Shall we take the bus?
  b   What time is the bus?
  c   How much is a return to Nice, please?
  d   What's happening?
  e   They are from school, aren't they?
  f   What can we do?

3 Recopie et complète le résumé de l'épisode.

Martin veut aller à Nice en ...... mais Nathalie pense que c'est trop ....

Ils prennent ...... pour aller à la .... Ils demandent le prix d'un ...... pour Nice. Nathalie suggère à Martin de faire ...... pour avoir de l'argent pour le train. Près de la gare, deux racketteurs ont attaqué Antoine. Ils ont pris .... Antoine a ......

Je prends le train

You will learn how to ...

✓ name means of transport: *le bus, l'avion, la voiture*
✓ say what means of transport you use: *Je prends le train/le bateau. Je vais à l'école en voiture/à pied.*

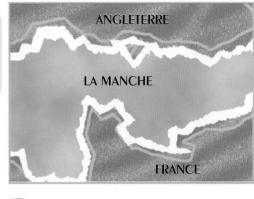

ANGLETERRE

LA MANCHE

FRANCE

Traverser la Manche

LE TRAIN (l'EUROSTAR)

LE BATEAU

L'AVION

LE SHUTTLE

LE CAR

L'AÉROGLISSEUR

1a On interroge 12 jeunes Français qui partent en Angleterre. Devine combien prennent le train, le bateau, etc.
   Exemple   train – 2, bateau – 3, …

b 🔊 Écoute pour vérifier.

Expressions-clés

Comment est-ce que tu vas en Angleterre/à l'école?
Je prends le train, le bateau, l'avion, le bus, etc.
Je vais à l'école   à   pied/vélo/mobylette
                      en   voiture/bus/car/métro

2 👥 Note en secret un moyen de transport pour traverser la Manche. Ton/Ta partenaire devine. Il/Elle a trois chances.
Exemple

A: Tu prends le bateau?
B: Non (je ne prends pas le bateau).
A: Tu prends le car?
B: Non (je ne prends pas le car).
A: Alors, tu prends l'avion?
B: Non! Perdu. Je prends le train!
   ou: Oui! Gagné. Je prends l'avion.

Comment est-ce que tu vas à l'école?

Je vais à l'école ...

3 [🎙️] Recopie ce tableau. Écoute et complète.

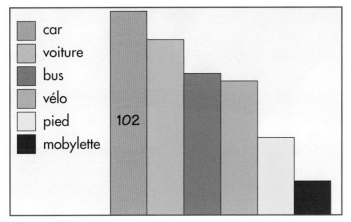

car
voiture
bus
vélo
pied
mobylette

102

Guide pratique

Pour bien apprendre les mots nouveaux:
• fais des listes sur un thème: *les transports en commun*, etc.
• fais des listes de sept mots maximum
• mets les mots par ordre alphabétique
• fais des dessins:

un bus

un avion

• invente des rimes ou des mimes pour chaque mot!

4 [👤] Fais un sondage dans ta classe.

> Comment est-ce que tu vas à l'école?

> Moi, je vais à l'école à pied.

Encore!

Écris les résultats du sondage dans un tableau.

En plus ...

Écris un petit résumé des résultats.
Exemple *Dans ma classe, 12 élèves vont à l'école à pied, 5 en bus, ...*

5 [👥] Discute avec ton/ta partenaire.

A > Comment est-ce que tu vas à la piscine?

B > En bus. Et toi?

au club des jeunes
aux magasins
au cinéma
à la piscine
à l'école

Rappel

à la + *féminin*
à l' + *voyelle*
au + *masculin*
aux + *pluriel*

J'ai pris le bateau

1a Écoute. Relie chaque fiche à la bonne personne.

b Recopie et complète les fiches.

a

> Où?   pays de Galles
> Départ?
> Durée?   deux semaines
> Transport?

b

> Où?   Écosse
> Départ?
> Durée?   un mois
> Transport?

c

> Où?   États-Unis
> Départ?
> Durée?
> Transport?

d

> Où?   Londres
> Départ?
> Durée?
> Transport?

2 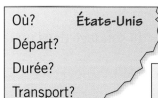 Dis une phrase, ton/ta partenaire devine qui tu es.

Exemple

A: Je suis allée à Londres.
B: C'est Karima!
A: Je suis partie le 15 août.
B: C'est Nathalie!

3 Relie les questions aux réponses dans les expressions-clés.

4 A interviewe B. Adapte les expressions-clés. B parle de ses vacances ou invente des vacances.

A Tu es allé(e) où?

B Je suis allé(e) au Canada.

Expressions-clés

1 Tu es allé(e) où?
2 Tu es parti(e) quand?
3 Tu es resté(e) combien de temps?
4 Tu as voyagé comment?

a J'ai pris le bateau/le car …
b Je suis allé(e) à/au/aux/en …
c Je suis parti(e) le 20 juillet.
d Je suis resté(e) un week-end/dix
jours/une semaine/un mois.

Zoom sur... *le passé composé avec être*

Je *vais* en France   Je *suis allé(e)* en Italie.
Je *pars* le 20 juin.   Je *suis parti(e)* le 22 mai.

• Je + être + participe passé = *je suis allé(e)*

5 Trouve cinq exemples du passé composé avec *être* dans les pages 70–74.
Exemple *sa mère est partie*

• •

Rappel être

je suis   nous sommes
tu es   vous êtes
il/elle/on est   ils/elles sont

• Pourquoi *être* avec certains verbes? En général, ce sont des verbes de *mouvement*.

Guide pratique

Comment apprendre ces verbes? Voici une chanson pour t'aider!

Aventure à Tahiti

Je suis parti(e) de Paris
Je suis arrivé(e) à Tahiti
Je suis entré(e), je suis sorti(e)
Je suis allé(e), je suis venu(e)
Je suis monté(e), je suis descendu(e)
Je suis tombé(e), aïe aïe aïe!
Je suis resté(e) deux jours au lit
Et je suis rentré(e) à Paris.

6a 📼 Écoute et chante.

b 📼 Apprends par cœur.

7 📖 Cherche les verbes dans le dictionnaire. Attention, trouve d'abord l'infinitif!
Exemple *venu – infinitif = venir: to come*

• Attention au participe passé! Il s'accorde comme un adjectif:
il est allé   *elle est allée*   *ils sont allés*
elles sont allées

8 Recopie et complète la bulle de Charlie.

Pendant les vacances, je suis all...... à la montagne avec Chantal. Nous sommes part...... le 2 février. On a fait du ski le premier jour. Chantal est mont...... , elle est descend...... sur les pistes, super! Moi, je suis tomb...... . Après, je suis all...... dans un chouette hôpital! Je suis rest...... là une semaine.

C'était vraiment sympa!

You will learn how to …

✓ ask what someone did during the holidays: *Qu'est-ce que tu as fait pendant les vacances?*

✓ describe a holiday in more detail: *D'abord, je suis resté(e) à la maison. Après, je suis allé(e) …*

✓ ask and say how it was: *C'était comment? C'était vraiment génial/nul.*

Emmanuelle, 14 ans
Je suis allée aux États-Unis avec mes parents. On est partis le 3 août. On a pris l'avion pour New York. D'abord, on est restés quatre jours à New York. C'était vraiment moche! Après, on est allés à Miami en voiture. On est restés une semaine. On a visité la région et on est allés à la plage. Là, c'était génial!

Élodie, 15 ans
Je suis allée dans un camp de vacances à Marseille. J'ai pris le car le 2 juillet. D'abord, on a fait des excursions, on a visité des châteaux et des musées. Ça, c'était vraiment super. Après, on a fait du sport et moi, je déteste ça! C'était vraiment nul!

Corentin, 15 ans
Je suis resté à la maison. D'abord, j'ai regardé la télé. C'était vraiment nul! Après, j'ai retrouvé des copains. On a fait du vélo, on a joué au foot, on est allés au cinéma. Ça, c'était vraiment sympa!

1 Lis et trouve:
  a trois noms de villes
  b quatre moyens de transport
  c deux mois de l'année
  d quatre activités que tu aimes faire, quatre activités que tu n'aimes pas

2 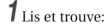 Écoute et note les questions.

3 👥 Écris des questions sur chaque texte (regarde les expressions-clés, page 74). Pose tes questions à ton/ta partenaire.
Exemple   Corentin est allé où?

4 👥 **A** choisit un rôle (Corentin, etc.). **B** interviewe **A** sur ses vacances. Regardez les expressions-clés pour vous aider.

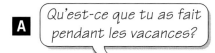

A *Qu'est-ce que tu as fait pendant les vacances?*

B *Je suis allé(e) dans un camp de vacances …*

Expressions-clés

- Qu'est-ce que tu as fait pendant les vacances?
  D'abord, …   Après, …
  Je suis allé(e)/resté(e) …   J'ai fait …

- C'était comment?

  😀 C'était (vraiment)   sympa/super/génial!

  😠 C'était (vraiment)   moche/nul!

5 En groupes de trois: chaque personne répond à la question 1 sur une feuille. Plie et passe. Réponds à la question 2 sur la feuille pliée. Plie et passe encore … À la fin, on déplie et on lit.

1 Tu es allé(e) où?

2 Tu es parti(e) quand?

3 Tu es resté(e) combien de temps?

4 Tu as voyagé comment?

5 Qu'est-ce que tu as fait?

6 C'était comment?

Je suis allé sur la Lune.

Je suis parti le 11 mai.

Je suis resté un week-end.

J'ai pris le bus.

J'ai fait de la plongée.

C'était vraiment génial!

(**Guide pratique**)

Pour donner une réponse détaillée:

1 – Écoute bien la question. Par exemple:
Qu'est-ce que tu as fait pendant les vacances?

2 – Pense à l'essentiel.
Je suis allé(e) chez mes grands-parents.

3 – Ajoute des détails.
*à Paris   le train   une semaine
visiter la ville   génial!*

4 – Fais des phrases.
Je suis allé(e) chez mes grands-parents à Paris. J'ai pris le train. Je suis resté(e) une semaine. J'ai visité la ville. C'était vraiment génial!

6 À deux, inventez des vacances!

A On est allés en Écosse.

B On est allés en Écosse. On est partis le 2 août.

A On est allés en Écosse. On est partis le 2 août. On est restés deux semaines. …

Encore!

Regarde les photos de tes vacances. Écris une carte postale.
Exemple *Je suis allé(e) dans un camp de vacances dans les Alpes …*

En plus …

Regarde les photos de tes vacances. Écris une lettre. Invente le plus possible de détails!
Exemple *Pendant les vacances, je suis allé(e) dans un camp de vacances dans les Alpes. C'était un petit village. …*

Un aller-retour, s'il vous plaît

✓ understand documents relating to travel
✓ enquire about travel: *Il y a un ferry à quelle heure?*
  C'est combien l'aller-retour?

À Dieppe, on peut prendre un ferry ou le catamaran Élite pour l'Angleterre.

TARIFS

P&O Stena LINE

Temps de traversée: 4h15

FERRY	A/R journée	A/R 3 jours	A/R 5 jours	Aller simple
Voiture + 1 pers.	40,76	106,15	152,30	152,30
Voiture + 2 pers.	44,60	113,85	161,50	161,50
1 piéton	15,35	15,35	15,35	15,35

Temps de traversée: 2h15

ELITE	A/R journée	A/R 3 jours	A/R 5 jours	Aller simple
Voiture + 1 pers.	80,75	146,15	192,30	192,30
Voiture + 2 pers.	84,60	153,85	201,50	201,50
1 piéton	21,50	21,50	21,50	21,50

Spécial piétons	21,35€	26,15€
Votre aller-retour	Journée	Jusqu'à 5 jours

Inclus: transport en train Dieppe – Londres – Dieppe Départs quotidiens

Horaires

Dieppe – Newhaven		Newhaven – Dieppe	
03:45	07:00	06:30	09:45
10:30	11:45	08:45	14:00
15:45	19:00	13:00	16:15
17:00	18:15	19:00	22:15
23:00	00:15	20:45	02:00

1 📖📱 Lis la brochure et choisis la bonne définition.

1 journée
  a *journey*
  b *day*

2 temps
  a *weather*
  b *duration*

3 simple
  a *single*
  b *simple*

Dictionnaire

Attention aux faux amis!
Ils ressemblent aux mots anglais mais ils sont différents.
Pour choisir la bonne définition, fais bien attention au contexte!

2 📖📱 Relis la brochure et devine la définition de ces mots. Cherche dans le dictionnaire pour vérifier.
jusqu'à   inclus   départs   quotidiens
traversée   horaires

3 Réponds aux questions.
  a Il y a combien de traversées par jour?
  b Le prix spécial piétons, c'est pour le voyage en bateau et en … ?
  c C'est combien un aller-retour spécial piétons Dieppe–Londres (pour une journée)?
  d Il y a un ferry à quelle heure le matin?

4 👤👤👤 Prépare des questions pour ton/ta partenaire avec les expressions-clés. Il/Elle répond.
Exemple

A: Il y a un bateau à quelle heure le soir?
B: Il y a un bateau à 23 h 00.
  ou
A: C'est combien l'aller-retour pour une voiture et deux personnes pour trois jours?
B: C'est 113,85 euros.

Expressions-clés

Il y a un bateau à quelle heure le matin/
  l'après-midi/le soir?
C'est combien l'aller-retour
    l'aller simple
      pour un piéton
      pour une voiture et 2 personnes
        pour une journée?
        pour cinq jours?

Interlude

Voyage aux Antilles

Refrain
Je suis allée aux Antilles
Chapeau de paille et espadrilles
Je suis allée aux Antilles
Couleur café, parfum vanille.

Je suis partie en juillet
J'ai acheté mon billet
Un billet aller-retour
Je suis restée quinze jours.
Refrain

J'ai pris l'avion à Marseille
Ciel tout gris, pas de soleil
Je suis arrivée aux Antilles
Là, toujours le soleil brille.
Refrain

Je suis montée en montagne
J'ai campé à la campagne
J'ai mangé du choucoco*
J'ai dansé la calypso.*
Refrain

* **le choucoco:** *heart of the coconut tree*
la calypso: *West Indian dance or song*

5 🔊 Écoute la chanson. Mets les dessins dans l'ordre.
Exemple *g, …*

6 👥 **A** pose les questions des expressions-clés, page 74. **B** répond avec les mots de la chanson.

A *Tu es allé(e) où?*

B *Je suis allé(e) aux Antilles.*

Ça se dit comme ça!

7 🔊 Écoute et répète.
-ille *Antilles espadrille vanille brille*
-eil(le) *Marseille soleil*
-llet *juillet billet*
-agne *montagne campagne*

8 🔊 À toi! Écoute pour vérifier.
Un billet pour Rambouillet.
L'Espagne et l'Allemagne.
Camille, la fille de la famille, aime la vanille des Antilles.
Les abeilles sommeillent au soleil.

Tu sais … ?

✓ parler des moyens de transport	*Je prends le bus. Je vais à l'école à vélo.*
✓ décrire un voyage	*Je suis allé(e) en Angleterre. Je suis parti(e) le 2 juin. Je suis resté(e) trois jours. J'ai pris l'Eurostar. J'ai visité Londres et je suis allé(e) à Brighton. C'était vraiment génial.*
✓ parler des transports	*Il y a un ferry à quelle heure? C'est combien, l'aller-retour?*

Et en grammaire … ?

✓ Le passé composé avec *être*	*je suis allé(e), elle est venue*

En équipe

1 Travaillez en équipes. Chaque joueur prépare six cartes-souvenirs:
une carte-départ
une carte-destination
une carte-transport
une carte-activité
une carte-durée
une carte-opinion.

2 Préparez un tableau de jeu.

3 Jouez en deux équipes, A et B.
Exemple
A lance le dé. Si A tombe sur la case 3, B pose la question:

B (*Tu es allé(e) où?*)

A prend une carte-destination et dit:

A (*Je suis allé(e) en Tunisie.*)

Si la réponse est bonne, **A** garde la carte. **B** joue. Si la réponse est fausse, **A** remet la carte. **B** joue.

4 Quand votre équipe a six cartes (une de chaque sorte), racontez les vacances … sans faire de fautes!
Exemple   *On est allés en Tunisie.*
On est partis le …

Pour jouer, il faut:
deux équipes
un dé
des cartes-souvenirs.

Pour gagner, il faut:
avoir six cartes-souvenirs
et dire les souvenirs correctement.

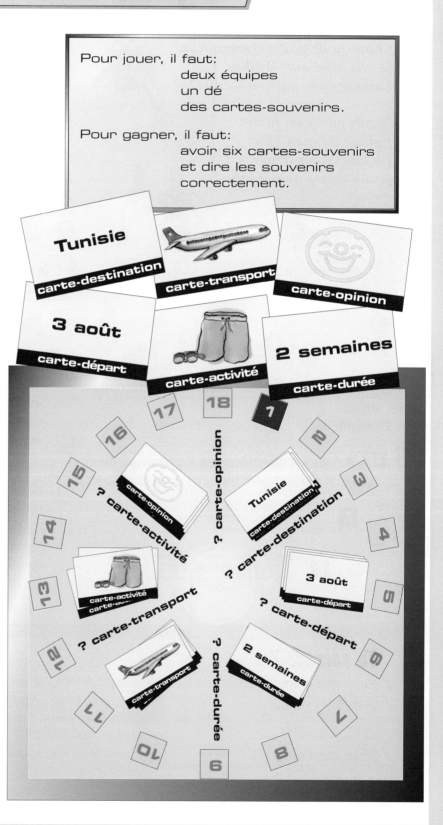

Équipe-Magazine

Les vacances en Europe

Les Européens vont où?
La destination préférée des Européens, c'est la France! 92% des Luxembourgeois sont déjà montés sur la Tour Eiffel!
La destination préférée des Français (après la France!), c'est l'Espagne: 4 Français sur 10 vont en Espagne régulièrement.

Ils voyagent comment?
68% des Européens partent en vacances en voiture. Seulement 13% prennent l'avion (ce sont surtout des Britanniques) et 14% prennent le train. Alors, cela explique les bouchons*!

* un bouchon: traffic jam

Transport: des records français

Le TGV français (train à grande vitesse) est le train de voyageurs le plus rapide du monde (515 kilomètres à l'heure).

Le premier avion est français, c'est Éole, de Clément Ader: il a volé sur 50 mètres, le 9 octobre 1890.

Le Français Gérard d'Aboville a traversé l'Atlantique en solitaire dans une barque. Il est parti des États-Unis le 10 juillet 1980. Il est arrivé en France le 21 septembre 1980.

Révisions Unités 4, 5, 6

Regarde les sections "Tu sais ...?" pages 55, 67 et 79.

Profession: hôtesse d'accueil

1a Lis les notes du reporter. Mets les photos de Nicole dans l'ordre.

```
5 h 00 – Nicole se réveille, se lève, se lave, s'habille
5 h 30 – petit déjeuner
6 h 00 – travaille au bureau de l'information
12 h 00 – déjeune, se repose
14 h 30 – travaille à la cafétéria
18 h 30 – dîne, se repose
20 h 30 – travaille à la cafétéria
22 h 30 – se couche
```

2a Lis les notes du reporter et écoute l'interview de Nicole. Corrige les trois erreurs du reporter.

```
est allée aux États-Unis et en Chine
est restée 15 ans aux États-Unis et
2 ans en Australie
elle a pris l'avion
elle préfère le bateau
```

1b Continue l'article!

REPORTAGE

Nicole est hôtesse sur un ferry entre la Bretagne et la Grande-Bretagne. Voici sa journée:

Nicole se réveille à 5 heures. Elle se lève et elle ...

2b Réécoute. Recopie et complète le texte avec les mots de la boîte.

Nicole adore voyager: elle est ...... aux États-Unis et en Australie. Elle est ...... un ...... aux États-Unis et ...... ans en Australie. C'était ...... ! Elle a pris .... Elle aime bien ...... , mais son moyen de ...... préféré, c'est l'avion.

an	restée	l'avion	super
le bateau	allée	transport	deux

Vacances en roulotte

3 Voici le journal de Claire Tondini. Recopie et complète.
Exemple *Je suis [partir]* partie *de Nîmes …*

Cet été, j'ai visité la Provence et la Corse en roulotte avec mes parents et mon frère Martial. Je suis [partir] ...... de Nîmes le 1er juillet. Je suis [aller] ...... à Avignon. C'était le festival de théâtre, super! Je suis [rester] ..... trois jours.

Après, je suis [aller] ...... à Nice. Là, j'ai pris le bateau pour la Corse. C'était super! Je suis [rester] ...... une semaine en Corse. Je suis [rentrer] ...... à Nîmes le 31 juillet.
Les vacances en roulotte, c'était génial!

4 [📼] Écoute. Recopie la grille et complète le planning des Tondini.

Planning: 13–19 juillet				
	Claire	Martial	Mme Tondini	M. Tondini
la cuisine				
la vaisselle				
les courses				
s'occuper du cheval				

5 Imagine! Tu as passé des vacances en roulotte dans ta région.
Écris une carte postale ou enregistre un message pour un copain/une copine.
(Tu peux adapter le texte de Claire!)

La belle équipe

Épisode 7

Budget loisirs

Nathalie: Salut, Martin! Ça va, ton petit boulot?
Martin: Oui! J'ai gagné assez d'argent pour aller chez ma mère. Je pars en train ce week-end.
Nathalie: Super! À bientôt!

Nathalie! Attends! Voilà dix euros pour Antoine! Les racketteurs ont pris tout son argent!

Ah, oui. Merci!

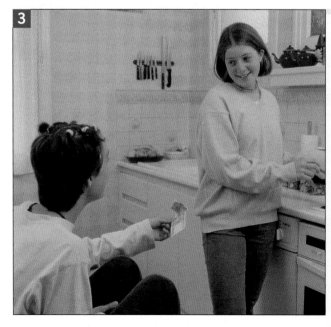

Plus tard, chez Nathalie.

Nathalie: Martin m'a donné dix euros pour Antoine.
Karima: Martin est sympa, hein? Moi, j'ai fait du baby-sitting hier soir. Voilà deux euros.
Nathalie: On me donne dix euros par semaine, mais j'ai seulement cinquante centimes pour Antoine.
Karima: Pourquoi? Qu'est-ce que tu as fait avec ton argent de poche?
Nathalie: J'ai acheté des magazines et du chewing-gum. Je suis allée au cinéma … J'ai seulement cinquante centimes pour Antoine.
Karima: Il faut faire quelque chose pour aider Antoine. Le racket comme ça, c'est atroce!

1 Avant de lire, regarde les photos. Réponds.
  a Martin travaille où?
  b Qu'est-ce que Martin donne à Nathalie?
  c Nathalie et Karima se retrouvent où?
  d Que fait Nathalie pendant la conversation avec Karima?

2 🎧 Lis et écoute. Regarde les photos. C'est à qui?
Exemple a – Nathalie

3 Relie les phrases.

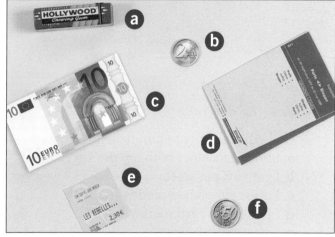

1 Pourquoi est-ce que Martin a un petit boulot?
2 Pourquoi est-ce que Martin veut aller à Nice?
3 Pourquoi est-ce qu'Antoine n'a plus d'argent?
4 Pourquoi est-ce que Karima fait du baby-sitting?
5 Pourquoi est-ce que Nathalie est triste?
6 Pourquoi est-ce que Karima est contente à la fin de l'épisode?

a Parce qu'il veut gagner de l'argent.
b Parce qu'elle n'a pas beaucoup d'argent pour Antoine.
c Parce qu'elle a une idée pour aider Antoine.
d Parce qu'il veut voir sa mère.
e Parce qu'elle veut gagner de l'argent de poche.
f Parce qu'il a donné tout son argent aux racketteurs.

L'argent de poche

J'ai dix euros par semaine. Avec mon argent de poche, j'achète des magazines et du chewing-gum et je sors avec mes copains.

Je n'ai pas d'argent de poche, mais mes parents achètent mes vêtements et des choses pour le collège. Je fais du baby-sitting pour gagner de l'argent. J'achète des boissons et je vais au cinéma.

J'ai trente euros par mois. Normalement, j'achète des cassettes, je sors avec des copains et je mets de l'argent de côté pour acheter une nouvelle guitare.

Je n'ai pas d'argent de poche, mais j'ai un petit boulot au marché. Je mets de l'argent de côté pour faire un voyage à Nice.

1a 📼 Lis et écoute.

b Ça se dit comment en français?
- **a** I buy magazines with my pocket money.
- **b** I get 10€ per week.
- **c** I don't get pocket money.
- **d** I babysit to earn money.
- **e** I save some money.

2a 📼 Écoute. Note les mots-clés.
Exemple   1 – magazines

b Fais des mini-conversations.

A *Qu'est-ce que tu fais avec ton argent?*

B *J'achète des magazines.*

Expressions-clés

Tu as combien d'argent de poche?
J'ai dix euros/livres par semaine/mois.
Je n'ai pas d'argent de poche.

Qu'est-ce que tu fais avec ton argent?
J'achète des livres
       des cassettes
       des cadeaux
       du chewing-gum
       des magazines
       des boissons
       des vêtements
Je sors avec mes copains.
Je vais au cinéma.
Je mets de l'argent de côté.

3a Relie les illustrations aux expressions-clés.
Exemple *a – Je mets de l'argent de côté pour acheter un ordinateur.*

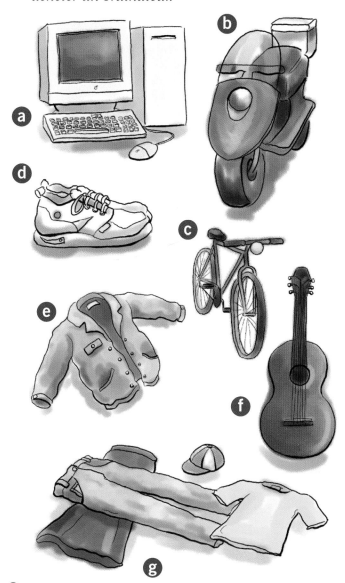

■ ■

Expressions-clés

Tu mets de l'argent de côté?
Je mets de l'argent de côté pour acheter …

des vêtements
un ordinateur
des baskets
un vélo
un blouson en jean
une guitare
une mobylette

5a 👥 Discute de ton argent de poche.
Exemple

A: Tu as combien d'argent?
B: J'ai dix livres par semaine.
A: Qu'est-ce que tu fais avec ton argent?
B: J'achète des magazines, je vais au club des jeunes et je sors avec mes copains.
A: Tu mets de l'argent de côté?
B: Oui, je mets de l'argent de côté pour acheter un walkman.

b Écris un texte. Compare avec ton/ta partenaire. Il/Elle a des idées comme toi?
Exemple *J'ai … par semaine … J'achète …
Je mets de l'argent de côté pour acheter …*

3b 🔊 Écoute pour vérifier. Répète les expressions-clés.

> *Je mets de l'argent de côté pour acheter un ordinateur.*

4 🔊 Recopie la grille. Écoute et complète.

Combien?	👝	🐷
8€ par semaine	chewing-gum magazine	vélo

Dictionnaire

6 Cherche les mots nouveaux dans un dictionnaire. Fais une liste.

*une boisson   drink
un boulot   job*

• N'oublie pas de noter *un/une* avec un nom.

• Pour noter les verbes, écris l'infinitif et aussi le verbe dans une phrase:

*sortir   to go out
je sors   I go out
(avec mes copains)   (with my friends)*

Petits boulots

1 Relis la page 86. Qu'est-ce que Karima et Martin font pour gagner de l'argent?

2 Relie les images aux expressions-clés en rouge. Écoute pour vérifier.
Exemple a – Je promène le chien.

3 Invente-toi un petit boulot.
Exemple

A: Tu as un petit boulot?
B: Oui, je lave la voiture.
A: Tu aimes bien?
B: Ça va. C'est fatigant, mais c'est bien payé.

4a Lis la lettre. Vrai ou faux?
  a Martin est content.
  b Martin travaille à Nice.
  c La mère de Martin rentre dans une semaine.
  d Martin travaille le week-end.
  e Martin gagne 5€ de l'heure.

b Imagine la réponse de Jasmine.
  Exemple *J'ai un petit boulot à Montréal. Je …*
  Je gagne … J'aime bien, parce que …

Expressions-clés

Tu as un petit boulot?
  Je fais du baby-sitting.
  Je fais des courses.
  Je garde mon frère.
  Je fais le ménage.
  Je promène le chien.
  Je lave la voiture.

J'aime bien les enfants/les chiens
        être en plein air
        aider mes parents

C'est fatigant
    intéressant
    bien/mal payé

Chère Jasmine,
Je suis triste parce que ma mère est partie habiter à Nice. Je ne sais pas quand elle rentre … Je voudrais passer une semaine chez ma mère, mais je dois gagner de l'argent pour acheter mon billet. J'ai trouvé un petit boulot au marché. Je travaille tous les samedis et je gagne cinq euros de l'heure. J'aime bien parce que j'aime être en plein air et c'est bien payé.
Et toi? Tu as un petit boulot à Montréal?
Grosses bises,
        Martin

Zoom sur... le passé composé (révisions)

Rappel 1

Nom/pronom + avoir + participe passé = le passé composé
Exemple J'ai travaillé chez moi.   Martin et Karima ont gagné de l'argent.

5 Antoine parle du week-end dernier. Fais des phrases. Change les infinitifs.
a Je + avoir + laver + la voiture.
b Je + avoir + promener + le chien de ma tante.
c Martin + avoir + travailler + au marché.
d Nathalie et Karima + avoir + préparer + un repas.
e Karima + avoir + faire + du baby-sitting.
f Tu + avoir + aider + tes parents?

147

6 Interviewe ton/ta partenaire. Qu'est-ce qu'il/elle a fait pour gagner de l'argent?

A Qu'est-ce que tu as fait pour gagner de l'argent?

B J'ai fait le ménage, j'ai fait du baby-sitting, et ...

Rappel 2

Nom/pronom + être + participe passé (avec accord, si nécessaire) = le passé composé
Exemple Martin est allé au parc.

Nathalie est allée au parc.   Martin et Nathalie sont allés au parc.

Mes copains et moi, on est allés au parc.   Nathalie et Karima sont allées au parc.

7 Fais une liste des verbes avec *être* au passé composé. Pour t'aider, relis *Aventure à Tahiti* à la page 75. Trouve onze verbes. Compare ta liste avec un(e) partenaire.
Exemple partir, arriver ...

Guide pratique

Tu as des difficultés? Ne souffre pas en silence!
* Travaille avec un(e) partenaire.
* Regarde la section *Grammaire* pour des explications en anglais.
* Demande à ton prof de te donner d'autres exercices!

147

8 Recopie et complète le journal de Martin. C'est *avoir* ou *être*? Vérifie avec un(e) partenaire.

Samedi matin, je .... (aller) au collège. Après les cours, j'...... ...... (travailler) au marché. Nathalie .... (venir) au marché et on .... (parler) des racketteurs. Samedi soir, je .... (rester) chez moi et j'...... ...... (regarder) la télévision.

Être millionnaire ou pas?

You will learn how to ...

✓ talk about your spending habits: *J'achète beaucoup de vêtements. Je mets 1,50€ de côté.*

✓ talk about what you never or no longer do: *Je ne mets rien de côté. Je ne vais jamais au cinéma. Je n'ai plus d'argent.*

Jeu-test
Tu peux être millionnaire? Qu'est-ce que tu fais?

1 Tu gagnes 1500 euros.

♥ J'achète beaucoup de vêtements, de livres, etc. Je mets 150 euros de côté.

★ Je vais en vacances avec mes copains. Je ne mets rien de côté.

◆ Je mets 1300 euros de côté.

2 Ta copine fait une collecte pour la SPA (Société Protectrice des Animaux).

◆ Je ne donne jamais d'argent aux organisations charitables.

♥ Je n'ai pas d'argent, mais j'aide ma copine à faire la collecte.

★ Je donne tout mon argent de poche à ma copine.

3 C'est l'anniversaire de ta grand-mère.

★ J'achète une grande boîte de chocolats.

♥ Je n'achète rien, mais je dessine vite une carte.

◆ J'achète une petite boîte de chocolats.

4 Ton copain n'a plus d'argent pour aller au cinéma.

★ Je paie l'entrée pour mon copain.

◆ Je ne vais jamais au cinéma. Ça coûte trop cher!

♥ Je vais seul(e) au cinéma.

5 Tu préfères un petit boulot ... ?

♥ assez intéressant

★ très intéressant, mais mal payé

◆ pas intéressant, mais bien payé

Analyse

★ **= 1 point**

Entre 12–15 points
Tu peux être millionnaire, parce que tu ne dépenses pas beaucoup d'argent. Tu es riche, mais est-ce que tu es sympa?

♥ **= 2 points**

Entre 6–11 points
Tu ne dépenses pas trop et tu es sympa. Si tu veux être millionnaire, tu dois mettre plus d'argent de côté.

◆ **= 3 points**

Entre 1–5 points
Tu ne peux jamais être millionnaire, mais tu es très sympa. C'est peut-être mieux de mettre un peu d'argent de côté pour toi?

1 Fais ce jeu-test et lis l'analyse. C'est vrai pour toi?

2 👥 Pose des questions à ton/ta partenaire.

> Tu gagnes 1500 euros. Qu'est-ce que tu fais?

A

> Je vais en vacances. Je ne mets rien de côté.

B

Interlude

Les petits boulots

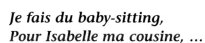

Je fais du baby-sitting
Pour Isabelle ma cousine,
Je lave les trois voitures
Du voisin, Monsieur Arthur,
Je passe l'aspirateur
Dans la maison de ma sœur.
Je sors aussi tous les chiens
De mon grand-père Benjamin.

Ça y est, ça y est!
J'ai de l'argent de côté.
Ça y est, ça y est!
Je vais pouvoir m'amuser.

Je ne fais plus de baby-sitting,
Je vais faire du shopping.
Je ne lave plus toutes ces voitures,
Je vois des films d'aventure.
Je ne passe plus l'aspirateur,
J'achète des jeans Lee Cooper.
Je ne sors plus tous ces gros chiens,
Je fais tous les magasins!

Oh non, oh non!
J'ai déjà tout dépensé.
Oh non, oh non!
Je vais devoir retravailler!

Je fais du baby-sitting,
Pour Isabelle ma cousine, …

3 ▭ Écoute et chante.

Ça se dit comme ça!

Attention!
voyelle + s + voyelle = z   *musique*
                               z

4a ▭ Trouve cinq exemples dans la chanson.
Écoute pour vérifier.
Exemple amuser

b ▭ Écoute et répète.

Guide pratique

Tu peux travailler seul(e) sur la prononciation.
Une bonne idée: enregistre et écoute ta
prononciation.

musique … amuser …

Zoom sur… la négation

ne … rien   ne … plus   ne … jamais

5 Trouve des exemples de chaque expression
dans le jeu-test et la chanson.
Exemple Je ne mets rien de côté.

6 Ça se dit comment en anglais?
a Je n'achète rien.
b Je ne fais plus de baby-sitting.
c Je ne vais jamais au cinéma.
d Je n'ai plus d'argent.
e Je ne mets rien de côté.
f Je ne dépense jamais mon argent.

149

La boum

1 🔊 Lis et écoute.

> Samedi dernier, c'était l'anniversaire de Nathalie. On a organisé une super boum au club. La boum a été un grand succès, parce qu'on a tous organisé quelque chose. Génial!

2a 🔊 Écoute Antoine, Nathalie, Karima et Martin. Qui a fait quoi pour la boum? Qui a fait le plus de travail?

Exemple *Antoine – c, h, …*

b Choisis une phrase pour chaque illustration.
Exemple *a – J'ai fait les invitations.*

Expressions-clés

J'ai fait les invitations.
J'ai distribué les invitations.
J'ai acheté à manger et à boire.
J'ai préparé les pizzas.
J'ai rangé les meubles.
J'ai mis la table.
J'ai choisi des cassettes.
J'ai apporté un radiocassette.
J'ai fait la vaisselle.
J'ai nettoyé la salle après la boum.

Encore!

👥 Choisis une identité – Martin, Nathalie ou Karima.

> **A** Qu'est-ce que tu as fait?

> **B** J'ai choisi les cassettes et j'ai apporté un radiocassette.

> **A** Tu es Antoine.

En plus ...

👥 Toi et ton/ta partenaire, vous avez organisé une boum. Qui a fait le plus de travail?

> **A** Moi, j'ai acheté à manger.

> **B** Moi, j'ai fait les invitations.

> **A** Moi, j'ai …

3a 🔊 Écoute. Qu'est-ce que Martin, Antoine et Karima ont choisi pour Nathalie?

b 🔊 Réécoute. Pourquoi?
Exemple a – parce que Nathalie aime les tee-shirts.

4 👥 Tu as 20€. Tu dois acheter trois cadeaux.
Exemple

A: Qu'est-ce que tu as acheté?
B: J'ai acheté un tee-shirt pour Claire.
A: Pourquoi?
B: Parce qu'elle aime les vêtements.
A: C'est tout?
B: Non, j'ai acheté …

5a 🔊 Écoute Éric et prends des notes. Compare avec ton/ta partenaire.
Exemple 7 h 30, chocolats, …

b Imagine que tu es allé(e) à la boum de Nathalie. Recopie et complète les phrases.

Je suis arrivé(e) à ……
J'ai acheté …… pour Nathalie, parce qu'elle ……
On a ……
Je suis rentré(e) chez moi à ……
Avant/Après la boum, j'ai ……
La boum était ……

Tu sais … ?

✓ parler de l'argent de poche	*Tu as combien d'argent de poche? Qu'est-ce que tu fais avec ton argent de poche? Tu mets de l'argent de côté?* *J'ai huit euros par semaine. J'achète des magazines et je vais au club des jeunes. Je mets un euro cinquante de côté pour acheter des vêtements.*
✓ parler des petits boulots	*Tu as un petit boulot? Tu aimes bien?* *Je fais du baby-sitting. Je gagne trois euros de l'heure. C'est fatigant, mais j'aime les enfants.*
✓ parler du week-end dernier	*J'ai lavé la voiture de mon oncle, j'ai acheté à manger, j'ai fait la vaisselle.*
✓ parler des cadeaux	*Qu'est-ce que tu as acheté? Pourquoi? J'ai acheté un tee-shirt pour Claire, parce qu'elle aime les vêtements.*

Et en grammaire … ?

✓ réviser le passé composé avec *avoir*	*J'ai fait les invitations, Nathalie et Karima ont préparé un repas.*
✓ réviser le passé composé avec *être*	*Je suis allé(e) au marché. On est partis à dix heures.*
✓ *ne … plus, ne … rien, ne … jamais*	*Je n'ai plus d'argent. Je n'achète rien. Je ne vais jamais au cinéma.*

👥 *En équipe*

1 Votre groupe veut gagner un peu d'argent. Faites une liste de petits boulots possibles.
Exemple laver les voitures

2 Préparez des petites annonces, sur l'ordinateur si possible.
Exemple

VOUS CHERCHEZ QUELQU'UN POUR LAVER LA VOITURE?

£3 LA VOITURE

TÉL: 01873 441032

3 Après un mois, vous avez gagné 200 livres. Super! Vous faites quoi avec l'argent? Décidez.
Exemple

4 billets de cinéma	= £20
Don à la R.S.P.C.A.	= £10
Boum – boissons et pizzas	= £60
Vêtements (£20 par personne)	= £80
On met de côté	= £30

4 Préparez un rapport sur votre projet.

Il y a quatre personnes dans notre groupe.

On a préparé des petites annonces pour trouver des petits boulots. Le week-end, on a tous lavé beaucoup de voitures. Christine a lavé trente voitures! C'était fatigant!

On a fait beaucoup de baby-sitting aussi. C'était bien payé, parce qu'on a gagné trois livres de l'heure.

On a promené deux chiens tous les week-ends. C'était mal payé, mais amusant!

Après un mois, on a gagné 200 livres! On est allés au cinéma. Le film était super! Jack est membre de la R.S.P.C.A. et on a donné 10 livres à cette organisation. On a tous acheté des vêtements et on a organisé une super boum pour les copains. Puis on a mis 30 livres de côté!

Équipe-Magazine

de toi à moi # Argent de poche

Presque tout le monde a de l'argent de poche.
Moi, non. Comment en demander à mes parents?
Mathilde (Paris, 75)

VOS RÉPONSES À MATHILDE

Échange

Au lieu de demander de l'argent de poche, aide au ménage. C'est ce que je fais. Ma mère m'a d'abord donné soixante-quinze centimes et maintenant, je reçois entre six et huit euros par mois.
Jessica *(Ostwald, 67)*

Petits boulots

Si tes parents ont des problèmes financiers, n'insiste pas. À 14 ans, tu peux aussi chercher des petits travaux à droite, à gauche.
François *(Caen, 14)*

COMMENT GAGNER DE L'ARGENT DE POCHE?
Les conseils de Benjamin

Voitures

Laver les voitures, c'est la spécialité de Benjamin. Il a même demandé à sa maman de lui acheter un "bleu de travail". Il gagne 1,50€ par lavage. Son papy lui donne 3€.

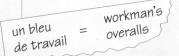

un bleu de travail = workman's overalls

Courses

Le mercredi matin, Karine et Benjamin font le tour de leurs voisins pour leur demander s'ils ont des courses à faire. Il y a toujours quelqu'un qui a besoin de pain ou qui a oublié un litre de lait. Avec la monnaie, ils arrivent à gagner en moyenne entre 1,50 et 3€ d'argent de poche.

Croissants

Passe le vendredi soir chez les voisins que tu connais bien. Est-ce qu'ils veulent des croissants pour le samedi matin? Cela prend 5 minutes! Note le nom des clients et le nombre de croissants désirés. Benjamin demande qu'on le paie d'avance. Pour gagner un peu d'argent, il augmente le prix du croissant de 0,5 euros. Gains: entre 3 et 5€.

La belle équipe

Épisode 8

Nathalie et Karima sont allées chez Antoine.

Nathalie: Antoine, cet argent, c'est pour toi …

Antoine: Merci! Vous êtes gentilles.

Karima: Ça va, Antoine? Tu as révisé pour le contrôle d'anglais demain?

Antoine: Non, ça ne va pas. Le racket, ça me tracasse. Et puis, c'est difficile, l'anglais.

Nathalie: Moi, pour réviser, j'enregistre des cassettes.

Karima: Tu peux lire un magazine en anglais. J'ai un magazine qui est super … Tiens!

Antoine: Merci!

Karima: Et ne t'inquiète pas, Antoine. J'ai une idée. Il faut téléphoner à mon cousin Éric. Il faut aller dans une cabine téléphonique. J'ai acheté une télécarte ce matin.

Nathalie: Tu as son numéro de téléphone?

Karima: Oui, c'est le 02 35 32 04 49.

Nathalie: Ça sonne?

Karima: Oui … Allô? Est-ce que je peux parler à Éric?

Antoine: Salut, Martin! Tu vas où?
Martin: Je vais à la gare ... pour avoir les horaires des trains pour Nice.
Nathalie: La gare? Mais il faut consulter le Minitel, c'est plus facile.
Antoine: Oui, venez chez moi.

1a Avant de lire l'épisode, devine.

1 Pour Antoine, l'anglais est
  a difficile.
  b facile.

2 Karima a une idée pour aider Antoine.
  a Elle téléphone à sa grand-mère.
  b Elle téléphone à son cousin.

3 Martin va à la gare
  a pour avoir les horaires des trains.
  b pour acheter un billet.

4 Ils cherchent l'heure des trains pour Nice
  a dans une brochure.
  b sur Minitel.

b 🔊 Lis et écoute pour vérifier.

C'est samedi. Éric est arrivé.

Éric: Je déteste les racketteurs! C'est qui?
Antoine: Les gars qui sont là-bas.
Éric: OK! Pas de problème.

À suivre ...

2 Trouve dans le texte l'expression qui veut dire:
  a You can read an English magazine.
  b I record cassettes to revise.
  c We'll have to go to a phone box.
  d You should look it up on Minitel, it's easier.
  e The boys who are over there.

3 Remets dans l'ordre pour résumer l'histoire.
Exemple 1 – d

  a Karima a une idée. Elle va téléphoner à son cousin.
  b Ils retrouvent Martin qui va à la gare.
  c Ils vont dans une cabine téléphonique pour téléphoner.
  d Karima et Nathalie vont voir Antoine.
  e Martin consulte le Minitel pour avoir les horaires des trains.
  f Antoine ne peut pas réviser.
  g Éric va parler aux racketteurs.

Pour apprendre le français

You will learn how to ...

✓ talk about different ways of learning a language: *Pour apprendre le français, on peut regarder des cassettes vidéo. On peut utiliser un dictionnaire.*

1a Trouve une expression-clé (page 99) pour chaque photo.
Exemple 1 – a

b 📼 Écoute pour vérifier.

2 📼 Qu'est-ce qu'on peut faire pour apprendre une langue étrangère?
Note les réponses (*a–i*, page 99) de Martin, Karima, Antoine, Nathalie, Kalim et Pascale.
Exemple Martin – i, c, ...

3 Relie pour inventer d'autres suggestions.

a On peut parler	**1**	des films français à la télé.
b On peut réviser	**2**	la grammaire.
c On peut regarder	**3**	en classe.
d On peut imiter	**4**	la prononciation.
e On peut apprendre	**5**	ses devoirs régulièrement.
f On peut faire	**6**	le vocabulaire.

4a Quelle suggestion est plus importante, *a* ou *b*? Décide.

a écouter la radio	**b** lire un magazine français
a utiliser un ordinateur	**b** utiliser un dictionnaire
a lire le manuel	**b** écouter des cassettes
a regarder des cassettes vidéo françaises	**b** bien travailler en classe

b Discute avec un(e) partenaire pour mettre les conseils des expressions-clés par ordre d'importance. (1 = le plus important)
Exemple

A: *On peut utiliser un dictionnaire*, c'est très important.

B: Mais non, *on peut bien travailler en classe*, c'est plus important.

A: D'accord. Le numéro un, c'est *on peut bien travailler en classe*. Et après …

■■■■■■■■■■■■■■■■■■■■■■

Expressions-clés

Pour apprendre le français, on peut
a écouter la radio
b lire un magazine français
c écrire à un(e) correspondant(e)
d regarder des cassettes vidéo françaises
e lire le manuel
f écouter des cassettes
g utiliser un ordinateur
h utiliser un dictionnaire
i bien travailler en classe

C'est grand.

C'est *plus* grand.

C'est *le plus* grand.

Encore!

Écris la liste des suggestions (activité 3).

En plus …

Écris des suggestions pour s'amuser le week-end.
Exemple *On peut aller voir un film au cinéma. On peut aller à la piscine.*

Ça se dit comme ça!

eu/eur

5 Écoute et répète. Prononce bien.
deux un feu un jeu bleu
On veut inventer un jeu.
Il peut si tu veux.

6 Écoute et répète. Prononce bien.
une fleur un ordinateur ma sœur une heure
J'ai peur des racketteurs.
Ma sœur est actrice et mon frère est acteur.

Au téléphone

You will learn how to ...

✓ understand and give telephone numbers: *C'est quoi, le numéro de téléphone de l'hôpital? C'est le 02 23 45 67 89*

✓ start a telephone conversation: *Allô? C'est Albert? Est-ce que je peux parler à Claire?*

C'est quoi, le numéro de téléphone?

C'est le 04 56 77 03 25.

Allô, Fabienne?

Non, c'est Jordane.

Est-ce que je peux parler à Fabienne, s'il te plaît?

Oui, attends. Ne quitte pas.

1 🔊 Lis et écoute la bande dessinée. Qui répond: Fabienne ou Jordane?

2a 🔊 Écoute. Recopie et complète les numéros de téléphone.

Nathalie	Antoine	Perrine
02 ?? 24 67 39	02 35 40 ?? 77	03 21 95 ?? 80
Martin	**Karima**	**Jamel**
02 35 ?? 51 62	02 35 11 98 ??	04 ?? 84 73 09

2b 🔊 Écoute et complète les réponses.

Mini-Infos

Pour les numéros de téléphone, la France est divisée en cinq zones. Les deux premiers chiffres d'un numéro de téléphone dépendent de la zone. Par exemple, à Paris, tous les numéros commencent par 01.

À Dieppe, à Nantes ou à Rouen, les numéros commencent par 02.

3a  **A** demande un numéro. **B** lit le bon numéro.

Exemple

A: C'est quoi, le numéro de téléphone du commissariat de police?

B: C'est le 02 35 84 87 32.

b  **A** lit un numéro de téléphone. **B** note le numéro (livre fermé!). Ensuite, changez de rôles.

A L'hôpital, c'est le 02 35 06 76 76.

Encore!

Quel numéro pour les situations suivantes?

a) b) c)

En plus …

Quel numéro pour les situations suivantes?

a Je dois aller à la gare. Le train est à midi. La voiture ne marche pas. Je vais appeler un taxi.

b Je vais organiser un barbecue ce week-end. Mais est-ce qu'il va faire beau?

c Je vais passer des vacances à Dieppe en juillet. Je voudrais une liste des campings.

d Le cinéma Jean Renoir est fermé. Il y a un bon film dans l'autre cinéma?

4a Réécoute la bande dessinée, page 100.

b Avec un(e) partenaire, lis la bande dessinée.

c Change le dialogue. Utilise les noms et les numéros de l'activité 2.

Expressions-clés

C'est quoi, le numéro de téléphone (de l'hôpital)?
C'est le (02 35 67 89 08).
Allô. C'est (Martin)? C'est (Nathalie).
Est-ce que je peux parler à (Antoine), s'il te plaît?

Dieppe – Numéros utiles

Cinéma Rex	02 35 84 22 74
Commissariat de police	02 35 84 87 32
Électricité de France	02 35 84 96 83
Gaz de France	02 35 84 96 85
Hôpital	02 35 06 76 76
Météo régionale	02 35 65 12 34
Office de Tourisme	02 35 84 11 77
Pompiers	02 35 84 33 00
SNCF gare principale	02 35 06 69 33
Taxis	02 35 84 20 05

Interlude

C'est le téléphone qui sonne

Refrain
Zéro un, vingt-deux,
Quarante-quatre, trente-trois,
Quatre-vingt-dix-neuf …
C'est le téléphone qui sonne.

Allô, allô, c'est toi, Léo?
Ah non, ici c'est Mario!
Vous n'êtes pas au bon numéro.
Refrain

Allô, allô, c'est toi, Papa?
Attends un peu, ne quitte pas …
Ah non, ton père, il n'est pas là.
Refrain

Allô, allô, c'est toi, Albert?
Est-ce que je peux parler à Claire?
Ou à ma mère ou à mon frère?
Refrain

5 Écoute et chante.

L'informatique

You will learn how to ...

✓ say what different parts of a computer are for: *Le clavier, c'est pour taper des documents. L'imprimante est un appareil qui imprime les documents.*

✓ say why you use a computer: *J'utilise un ordinateur pour faire mes devoirs.*

✓ understand instructions for sending e-mail messages: *Il faut être connecté à Internet. Il faut taper un message.*

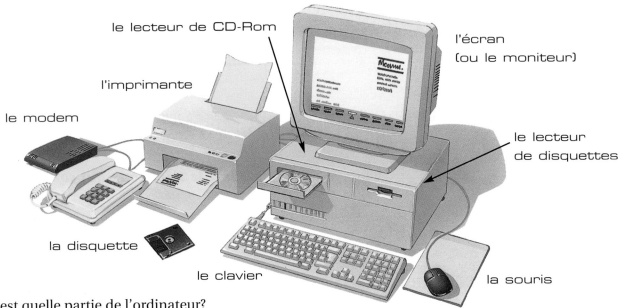

le lecteur de CD-Rom

l'écran (ou le moniteur)

l'imprimante

le modem

le lecteur de disquettes

la disquette

le clavier

la souris

1a C'est quelle partie de l'ordinateur?

1, c'est pour taper les documents.

On regarde **2** pour travailler sur un document.

3, c'est un appareil qui relie l'ordinateur au téléphone.

4, c'est pour changer la position du curseur sur l'écran.

5, c'est pour lire les CD-Rom.

6, c'est pour contenir des informations électroniques sous forme portable.

7, c'est un appareil qui imprime les documents.

8, c'est un appareil qui lit les disquettes.

b 🔊 Écoute Nathalie pour vérifier.

2 👥 B ferme le livre.

A *C'est pour lire les CD-Rom.*

B *C'est le lecteur de CD-Rom.*

ZOOM sur... qui

3 Lis les définitions, activité 1a. Trouve les phrases avec le pronom *qui*.

Le pronom *qui* relie deux phrases. La deuxième phrase est une description.
Exemple L'imprimante est un appareil. + L'imprimante imprime les documents. = *L'imprimante est un appareil **qui** imprime les documents.*

4 Relie ces phrases avec *qui*.
a C'est la disquette.
   La disquette est sur la table.
b Il y a deux professeurs.
   Les professeurs enseignent l'informatique.
c J'ai un ordinateur.
   Mon ordinateur a un lecteur de CD-Rom.

150

5a 🔲 Écoute les interviews. Ils aiment l'informatique?

b 🔲 Réécoute. Ils utilisent un ordinateur où? Pour quoi faire? Prends des notes.
Exemple *1 – gare/faire des réservations*

c 👥 Sondage. Pose les questions: tu utilises un ordinateur? où? pour quoi faire?

■■■■■■■■■■■■■■■■■■■■■■

■ **Expressions-clés**

J'utilise un ordinateur pour …
       faire mes devoirs
       jouer aux jeux électroniques
       écrire des lettres
       surfer sur Internet

Zoom sur… il faut

Lis l'article *Le courrier électronique*.

6 Trouve six exemples de *il faut* dans l'article.
Exemple *1 – il faut être connecté, 2 – Il faut avoir …*

7 *Il faut* être connecté à Internet, ça veut dire:
a c'est idiot.
b c'est dangereux.
c c'est nécessaire.

149 8 Après *il faut*, c'est quelle partie du verbe?

Dictionnaire

Un mot nouveau … le dictionnaire est essentiel? Non, pas toujours!
• Le contexte ou les mots voisins peuvent aider à comprendre le sens.

9 📖 Lis *Le courrier électronique* encore une fois. Qu'est-ce que ça veut dire?
a *communiquer* par E-mail
b *À vos marques, prêts, partez!*
c Il faut *appuyer* sur un bouton.

Le courrier électronique

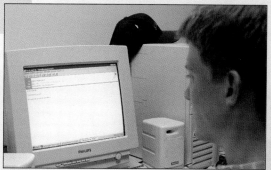

C'est le courrier électronique qui a fait le succès d'Internet. Avec le courrier électronique (ou E-mail), on peut envoyer des messages d'ordinateur à ordinateur.

Tu veux communiquer par E-mail?
D'abord …
• Il faut être connecté à Internet.
• Il faut avoir une adresse E-mail.
• Pour communiquer avec quelqu'un, il faut connaître son adresse E-mail.

À vos marques, prêts, partez!
• Il faut taper l'adresse de votre correspondant.
• Ensuite, il faut taper un message.
• Pour terminer, il faut appuyer sur un bouton.

Voilà! Le message arrive à sa destination en quelques secondes.

On écrit des lettres

You will learn how to ...

✓ write a letter to a French friend: *Cher/Chère ... Réponds-moi vite. Amitiés./Grosses bises.*

✓ write a more formal letter: *Monsieur/Madame, ... Veuillez agréer, Monsieur, l'expression de mes sentiments respectueux.*

A

Oxford, le 26 mai

Monsieur

Je vais passer <u>un week-end</u> à <u>Dieppe</u> au mois de <u>juillet</u> avec <u>mes parents</u>. Pouvez-vous, si possible, m'envoyer une liste des hôtels et des attractions à <u>Dieppe</u>?

Veuillez agréer, Monsieur, l'expression de mes sentiments respectueux,

Anne Davenport

B

<u>Annecy</u>, le 31 janvier

Chère Caroline

Merci pour ta lettre. Je vais répondre à tes questions. <u>Annecy</u> est dans <u>l'est de la France</u>, près de <u>la Suisse</u>. Nous avons <u>une petite maison</u>. Au rez-de-chaussée, il y a <u>une cuisine</u> et <u>un salon</u>. Au premier étage, il y a <u>trois</u> chambres et <u>une salle de bains</u>. Nous avons <u>un jardin</u> derrière la maison. Mes passe-temps préférés sont <u>la natation</u> et <u>le cinéma</u>. J'aime aussi <u>la lecture</u>. Ce week-end, j'ai <u>fait de la planche à voile sur le lac</u> avec <u>ma copine</u> et <u>nous avons fait une promenade à vélo</u>. Qu'est-ce que tu as fait ce week-end?

Réponds-moi vite.

Amitiés

Sophie

Guide pratique

Écrire une lettre ...

	à un(e) ami(e)	plus officielle
Pour commencer	Cher Marc *ou* Chère Marie	Monsieur *ou* Madame
Au milieu	tu	vous
Pour terminer	Amitiés *ou* Grosses bises	Veuillez agréer l'expression de mes sentiments respectueux

Mini-Infos

En France, les boîtes aux lettres sont jaunes.

1 Lis les lettres A et B. Laquelle est une lettre
a à un(e) ami(e)?
b officielle?

2 Tu vas passer quatre jours à Paris en avril avec ta famille ou des amis. Écris une lettre à l'Office de Tourisme. Adapte la lettre A: change les expressions soulignées.

3 Écris une lettre à un(e) correspondant(e) français(e). Adapte la lettre B: change les expressions soulignées.

Tu sais ... ?

✓ parler des différents moyens pour apprendre une langue	*Pour apprendre le français, on peut regarder des cassettes vidéo. On peut utiliser un dictionnaire.*
✓ demander et donner un numéro de téléphone	*C'est quoi, ton numéro de téléphone? C'est le 02 23 45 67 89.*
✓ parler au téléphone	*Allô? C'est Albert? Est-ce que je peux parler à Claire?*
✓ décrire un ordinateur	*L'imprimante est un appareil qui imprime les documents.*
✓ dire où et pourquoi tu utilises un ordinateur	*J'utilise un ordinateur pour faire mes devoirs/pour jouer aux jeux électroniques.*
✓ comprendre les instructions pour utiliser le courrier électronique	*Il faut être connecté à Internet. Il faut taper un message.*
✓ écrire une lettre à un(e) ami(e)	*Cher/Chère ... Réponds-moi vite. Amitiés./Grosses bises.*
✓ écrire une lettre plus officielle	*Monsieur/Madame, ... Veuillez agréer, Monsieur, l'expression de mes sentiments respectueux.*

Et en grammaire ... ?

✓ *pour* + infinitif	*On regarde l'écran pour travailler sur un document.*
✓ *il faut* + infinitif	*Il faut être connecté à Internet.*
✓ le pronom *qui*	*C'est un appareil qui lit les disquettes.*
✓ *plus* devant un adjectif pour comparer	*C'est plus pratique/important.*

En équipe

Guide du bon linguiste
Relisez les pages 98–99.

**Pour être fort en français,
qu'est-ce qu'il faut faire?**

1 Chaque personne fait une illustration pour
une des suggestions, page 99.

Une personne écrit la liste des suggestions.

Sur un grand poster, collez la liste avec les
illustrations autour. Collez le poster au mur.

Comme ça, vous n'allez pas oublier les
suggestions!

2 Organisez un sondage.
- Notez 10 suggestions (voir pages 98–99, ou
  inventez des suggestions).
  Exemple
  il faut écouter la radio
  il faut faire ses devoirs régulièrement
  il faut bien travailler en classe
  il faut bien imiter la prononciation

- Faites des colonnes: très important/assez
  important/pas très utile.
- Interviewez vos camarades. Notez leurs
  réactions.

A *À ton avis, il faut bien imiter la prononciation?*

B *Ah oui, c'est très important.*

	très important	assez important	pas très utile
Imiter la prononciation	✓		

on peut écouter la radio

on peut lire des magazines

3 Présentez les résultats du sondage.
- Dessinez un graphique. Utilisez
  l'ordinateur, si possible.

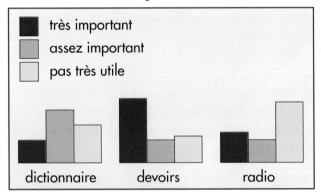

- très important
- assez important
- pas très utile

dictionnaire   devoirs   radio

- Écrivez un article pour le magazine du
  collège.
  Exemple *Pour être fort en français, il faut
  réviser régulièrement le vocabulaire et
  faire régulièrement les devoirs. À la
  maison, on peut… Au collège, on peut …*

- Enregistrez un reportage ou une interview.

A *Quels sont les résultats du sondage? Écouter la radio, par exemple, c'est important?*

B *Euh oui, écouter la radio, c'est important. Mais regarder les films français à la télé, c'est plus important.*

A *Et c'est plus amusant!*

Équipe-Magazine

Petit guide des émoticônes

Sur Internet, il y a des symboles pour indiquer les émotions des utilisateurs.

Pour lire les émoticônes (= émotions + icône), il faut pencher la tête vers la gauche.

Qu'est-ce que ça veut dire? Devine (ensuite, suis les lignes pour vérifier).

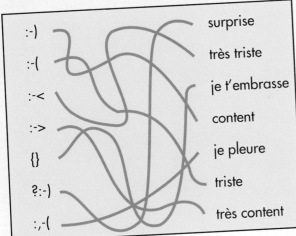

:-)	surprise
:-(	très triste
:-<	je t'embrasse
:->	content
{}	je pleure
?:-)	triste
:,-(	très content

Fleurs à protéger

Gentiane jaune

Office de Tourisme
Pont Jéhan-Ango
Quai du Carénage
BP 152
76202 - Dieppe Cedex

N'oublie pas le code postal! En France, le code postal a cinq chiffres. Les deux premiers chiffres sont le numéro du département (ici, 76).

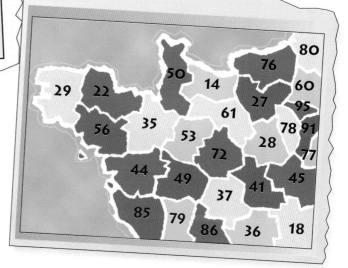

Tout connaître sur Dieppe et sa Région par Minitel

Le Minitel, qu'est-ce que c'est?

Le Minitel est un service de communication par ordinateur et téléphone. On peut communiquer ou recevoir des informations.

- Tu as oublié le numéro de téléphone de ton copain? Consulte le Minitel. Il y a un annuaire téléphonique.

- Tu veux avoir les horaires des trains? Consulte le Minitel. Il y a tous les renseignements et on peut faire des réservations.

Vous avez l'Internet au collège? Contactez une des adresses suivantes:
http://www.oup.co.uk/equipe/
http://www.cyberhouse.fr/enfants.html
http://www.cplus.fr
http://www.mairie-dieppe.fr
http://www.cite-sciences.fr/

La belle équipe

Dernier épisode

Éric parle aux deux garçons.

Éric: Alors, vous rackettez Antoine?
Je déteste le racket, moi. Je vais parler
au directeur du collège. Si vous
recommencez, je vous retrouve …
Alors là, attention!

Antoine: Ils ont peur … ils partent!

Martin: Nathalie? C'est Martin. Ça va? Et
Antoine?

Nathalie: Ça va. Éric a fait peur aux racketteurs!
Éric est grand et fort. Il est brun, avec
les cheveux courts et frisés … et de
beaux yeux marron …

Martin: Mais tu es amoureuse ou quoi?! Bon,
j'arrive à Dieppe en train dimanche soir,
à 18 h 30. À bientôt!

Antoine: Salut, Martin! Tu as fait bon voyage?
Martin: Oui, c'était super de voir ma mère!
Karima: Martin, voici Éric!
Martin: Euh … Salut!
Nathalie: On va boire un café?
Tous: Oui, bonne idée!

1a Avant de lire l'épisode, devine.
1 Éric dit aux racketteurs qu'il va
   a parler au directeur du collège.
   b parler à la police.

2 Qui a peur?
   a Éric a peur des racketteurs.
   b Les racketteurs ont peur d'Éric.

3 Nathalie
   a aime bien Éric.
   b déteste Éric.

4 Martin
   a reste à Nice chez sa mère.
   b arrive à Dieppe en train, dimanche soir.

b 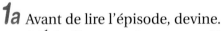 Écoute et lis pour vérifier.

2 Trouve les expressions françaises pour:
   a So watch out!
   b See you later!
   c Did you have a good trip?
   d This is Eric.
   e Hi!
   f What a gang!

3 Recopie et complète les phrases pour résumer l'épisode.

Éric parle aux …… . Il dit qu'il va parler au …… .
Les racketteurs ont …… . Antoine est content.
Martin téléphone à Nathalie. Nathalie explique qu'Éric …… , Martin pense que Nathalie est …… .
Il dit qu'il arrive …… . Les copains vont chercher Martin …… . Martin a fait …… . Après, ils vont tous …… .

Je me présente

Qui est Lothaire?

1 📼 Écoute le message de Lothaire à Martin. Qui est Lothaire, *a*, *b* ou *c*?

2 Recopie et complète la bulle de Lothaire.

> *Je m'appelle Lothaire Dubois. Je suis un copain de Jasmine. Je suis québécois, j'habite à Montréal. J'ai 14 ans. En juillet, je vais en vacances à Dieppe, chez Martin. Je suis ......*

3 📼 Écoute et regarde les photos. Qui est Marc, qui est François?

4 Recopie et complète la bulle de Marc et François.

> *Je m'appelle Marc. Je suis le correspondant d'Antoine. Je suis belge, j'habite à Bruxelles. J'ai 15 ans. Je suis ......*

> *Je m'appelle François. Je suis le cousin de Nathalie. Je suis suisse, j'habite à Genève. J'ai 14 ans. Je suis ......*

5 À toi d'enregistrer un message pour te présenter. Regarde les expressions-clés.
Exemple

> *Je me présente: je m'appelle Nathalie. J'ai 14 ans. Je suis française. Je suis petite et mince. Je suis blonde. J'ai les cheveux assez longs. J'ai les yeux bleus.*

Expressions-clés

Je me présente:
Je m'appelle... . J'ai ... ans
Je suis anglais(e)/gallois(e)/écossais(e)/irlandais(e)
Je suis grand(e)/petit(e), assez gros(se)/mince
Je suis brun(e)/blond(e)/roux/rousse
J'ai les cheveux courts/longs/raides/frisés
J'ai les yeux bleus/verts/marron
J'ai des lunettes

Lothaire arrive

Alors, Lothaire voyage comment? Il arrive à Dieppe quel jour? À quelle heure?

6a 🔊 Écoute Lothaire. Recopie et complète son message faxé.

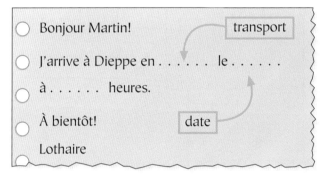

○ Bonjour Martin!   transport

○ J'arrive à Dieppe en . . . . . . le . . . . . .

○ à . . . . . heures.

○ À bientôt!   date

○ Lothaire

6b Réponds aux questions d'Antoine.
Exemple Lothaire voyage en …

7a 🔊 Marc et François viennent aussi à Dieppe. Prends des notes pour chacun (transport, date, heure).

┌─ **Guide pratique** ─┐

Pour comprendre un texte enregistré:
– avant d'écouter, lis bien les questions
– pense au vocabulaire possible
– avec la cassette, concentre-toi sur les questions
– trouve les mots-clés/détails importants
– écoute plusieurs fois si c'est nécessaire.

7b Écris un fax comme Lothaire pour François et Marc.

8 👥 Regarde les dessins et adapte la conversation.
Exemple

A: Allô, ici [*nom*].
B: Bonjour [*nom*]!
A: Je prends [*transport*] et j'arrive à [*ville*] le [*date*] à [*heures*].
B: Alors, tu arrives ici en [*transport*] le [*date*] à [*heures*], c'est ça?
A: Oui, c'est ça. À bientôt!
B: À bientôt!

Encore!

👥 Imagine d'autres voyages et adapte la conversation de l'activité 8.

En plus …

Tu es Lothaire, Marc ou François. Décris ton voyage!
Exemple Je suis parti de [ville] le [date]. J'ai pris le [transport]. Je suis arrivé à [ville] le [date] à [heure].

Bienvenue chez moi!

You will learn how to ...

✓ show someone round your home: *Voici ta chambre. La cuisine est au bout du couloir.*

✓ find out about your visitor's needs: *Tu veux prendre une douche?*

✓ accept/refuse an offer politely: *Oui, je veux bien, merci./Oui, s'il vous plaît, si c'est possible. Non merci, ça va.*

Voici ta chambre!

1 🔊 Écoute Martin et relie les noms aux pièces.

2 🔊 Marc arrive chez Antoine. Écoute. Recopie et complète la description de l'appartement.

Voici l'appartement. ......, dans l'entrée, c'est la salle de bains. Les WC sont ...... la salle de bains. ......, c'est ma chambre et là, c'est ta chambre! ...... ma chambre, il y a la chambre de mon frère et de ma sœur. ......, il y a la chambre de mes parents. ...... couloir, c'est la cuisine, avec un balcon. Avant la cuisine, il y a le séjour ...... et la salle à manger .... Bienvenue chez moi!

3 👥 **A** dessine le plan de sa maison/son appartement en secret. **A** décrit et **B** dessine le plan. Comparez et changez de rôle.
Exemple *Chez moi, il y a une entrée. Dans l'entrée à gauche, il y a des WC, ...*

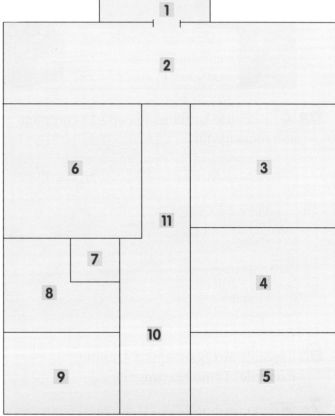

une chambre	le séjour	les WC
la salle à manger	le balcon	la cuisine
le couloir	l'entrée	la salle de bains

Expressions-clés

Voici l'appartement.
Là, c'est ta chambre.

à droite
à gauche
en face   de la .../du ... , il y a ...
à côté
au bout

avant/après   le/la/les ... ,   il y a ...

Fais comme chez toi!

b manger quelque chose

a téléphoner chez toi

c boire quelque chose

e défaire tes bagages

f te reposer

d prendre une douche

4a 📼 Écoute. Qu'est-ce que Monsieur Berthault propose à Lothaire?
Exemple d, …

b 📼 Réécoute. Lothaire accepte (✓) ou il refuse (✗)?
Exemple d – ✗

c 📼 Écoute encore. Écris la réponse de Lothaire (voir les expressions-clés).
Exemple d – *Non merci, ça va.*

d 📼 Écoute et répète bien l'intonation.

Expressions-clés

Tu veux boire/manger/téléphoner, etc.?

Pour accepter/refuser poliment:
Oui, je veux bien, merci.
Oui, s'il vous plaît, si c'est possible.
Non, merci, ça va.
• à un adulte: S'il *vous* plaît
• à un copain: S'il *te* plaît
• Pour un adulte, ajoute *monsieur/madame*.

5 👥 **B** choisit quelque chose en secret (dessins *a–f*). **A** devine. **B** refuse ou accepte poliment. Changez de rôle. Qui devine le plus vite?

A *Tu veux défaire tes bagages?*

B *Oui, je veux bien, merci!* ou *Non merci, ça va.*

Encore!

Apprends la conversation de l'activité 4 par cœur et joue avec ton/ta partenaire.

En plus …

Trouve d'autres propositions pour ton invité(e)!
Exemple
Tu veux *regarder la télé?*

C'était vraiment super!

You will learn how to ...

✓ write about your stay: *Je suis allé(e) en ville. J'ai acheté des souvenirs.*

✓ say how it was: *C'était vraiment super.*

✓ write thank-you notes: *Merci beaucoup pour votre accueil, c'était vraiment très gentil. Tu as été super sympa avec moi, merci!*

a

b

c

mercredi 15 juillet
Je suis allé à la plage avec Martin et ses copains. Brrr, l'eau était froide! Après, on a mangé des crêpes, c'était bon!

vendredi 17 juillet
C'est moi qui ai fait la cuisine aujourd'hui! M. Berthault était content. J'ai fait un plat québécois. Ce n'était pas mal.

d

jeudi 16 juillet
Aujourd'hui, j'ai visité Dieppe: je suis allé au château et à la Cité de la mer. C'était très intéressant.

samedi 18 juillet
Ce matin, je suis allé en ville. C'était le jour du marché. J'ai acheté des souvenirs et des cadeaux. Ce n'était pas cher!

1 Trouve la bonne photo pour chaque jour.

2 👥 **A** pose des questions. **B** (Lothaire) essaie de répondre de mémoire.

A Qu'est-ce que tu as fait le 15 juillet?

B Je suis allé ...

3 Imagine les trois derniers jours de Lothaire à Dieppe. Écris son journal.
Exemple *dimanche 19 – J'ai fait une promenade en mer avec Martin et Nathalie. C'était génial! ...*

> à la piscine   au cinéma   au musée   au parc
> avec   j'ai regardé   j'ai mangé   je suis allé
> c'était super/intéressant

Lothaire part

Les vacances de Lothaire sont finies. Il rentre à Montréal. Il écrit à Martin et à son père.

4 Lis et remets en ordre les quatre parties de chaque lettre.

Lettre 1: c, …   *Lettre 2:*

5 Trouve comment Lothaire dit *a–c* à M. Berthault et à Martin. Fais deux listes.

a I loved my holiday in Dieppe.
b Thanks for looking after me, it was nice of you.
c Good-bye and see you soon.

LETTRE 1

A Au revoir et à bientôt!

B J'ai beaucoup aimé mes vacances à Dieppe. Merci beaucoup pour votre accueil, c'était vraiment très gentil.

C Cher Monsieur Berthault

D Lothaire

LETTRE 2

A Salut et à bientôt!

B Lothaire

C Géniales, mes vacances à Dieppe. Tu as été super sympa avec moi, merci!

D Salut, Martin!

Expressions-clés

aux parents
Cher Monsieur X, Chère Madame X.
J'ai beaucoup aimé mes vacances.
Merci pour votre accueil.
Au revoir et à bientôt.

aux copains
Salut, X!
Géniales, mes vacances!
Tu as été super sympa avec moi.
Salut et à bientôt!

Guide pratique

Au brouillon et au propre

• Écris ton texte au brouillon.
• Relis, vérifie et corrige:
  1 tu as bien mis tous les accents?
  2 tu as fait tous les accords (adjectifs, verbes, etc.)?
  3 tu as bien écrit tous les mots? (Si tu n'es pas sûr(e), regarde dans le dictionnaire.)
• Montre ton texte à ton/ta partenaire ou à ton professeur. Corrige une dernière fois.
• Maintenant, écris ton texte au propre!

🄳📖 N'oublie pas! Le dictionnaire est très utile pour vérifier comment on écrit les mots.

6a Écris une lettre à un copain après des vacances chez lui en France.

b Écris une lettre aux parents de ton copain. Utilise les expressions-clés.

ZOOM sur... c'était + adjectif

J'**habite** à Dieppe.
C'est super!

J'**ai visité** Dieppe.
C'était super!

7 Lis les bulles. Avec le présent, on utilise *C'est …* Avec le passé composé, on utilise … ? *C'était* = ? en anglais?

8 Recopie et complète les phrases.
a J'aime le football. …… génial!
b Je suis allé à la patinoire. …… marrant.
c J'ai mangé un gâteau. …… délicieux.
d Je vais au musée. …… intéressant.
e J'ai détesté ce film. …… nul!

148

Gros plan sur Marie à Dieppe

You will learn how to ...

✓ give and understand personal information (revision)

✓ pronounce the sound *oi*

Voici Marie. Elle a 13 ans. Elle habite à Dieppe. Elle a une sœur.

1a Lis les questions.

a Tu as un petit boulot?

b C'était comment?

c Tu parles quelles langues?

d Tu es restée combien de temps?

e Tu as combien d'argent de poche?

f Tu apprends l'anglais comment?

g Tu es déjà allée dans quels pays?

h Qu'est-ce que tu as fait?

i Qu'est-ce que tu fais avec ton argent de poche?

j Tu as voyagé comment?

b 🔲 Écoute. Numérote les questions dans l'ordre de la cassette.

Exemple 1 – g

2 🔲 Écoute et note les réponses de Marie à chaque question.

3 Recopie et complète l'autobiographie de Marie.

Je suis allée en .... J'ai pris le .... Je suis restée .... J'ai .... C'était .... J'ai un petit boulot, je .... J'ai ...... d'argent de poche. Avec mon argent, je .... Je parle ...... langues: .... Pour apprendre l'anglais, je ....

4 Relis la page 67. Réponds aux 20 questions et écris ton autobiographie. D'abord, fais un brouillon. Après, écris au propre.

Guide pratique

Pour ne pas oublier ton français pendant les vacances, il faut:

– écouter la radio française

– regarder la télé française si tu as des chaînes-satellite

– lire des magazines français

– inventer des conversations en français!

– relire tes notes (regarde la page 67).

Interlude

La complainte de Lothaire

Finies les vacances,
Les vacances en France.
Je rentre chez moi
(Je suis québécois),
Mais avant de partir,
J'achète des souvenirs.

Pour ma mère,
un foulard en soie,
Pour mon père,
une liqueur de noix,
Pour mon frère,
un jouet en bois,
Pour grand-mère,
des bonbons dieppois –
Et pour moi? Oh là là,
pour moi, je ne sais pas!

Un foulard en soie,
une liqueur de noix,
un jouet en bois,
des bonbons dieppois …
et pour moi, oh là là,
pour moi, je ne sais pas!

Pourquoi pas
un chapeau chinois
ou alors
un tee-shirt à pois?
Pourquoi pas
un beau jeu de l'oie
ou encore …
Ah non, je ne peux pas.
Et pourquoi? Oh là là,
Je n'ai plus d'argent, voilà!

Pas de chapeau chinois
Pas de tee-shirt à pois
Pas de jeu de l'oie –
Ah non, je ne peux pas.
Et pourquoi? Oh là là,
Je n'ai plus d'argent, voilà!

5 🔊 Écoute la chanson. Numérote et note les cadeaux dans l'ordre.
Exemple *1 – c, un foulard en soie*

6 🔊 Apprends et chante.

Ça se dit comme ça!

oi

7 🔊 Écoute et répète.
toi et moi
un bois québécois
de la soie à pois
Je vois qu'il boit de la noix!

8 🔊 À toi! Écoute pour vérifier.
Il était une fois
une marchande de foie
qui vendait du foie
dans la ville de Foix.
Elle se dit: "Ma foi,
c'est la dernière fois
que je vends du foie
dans la ville de Foix."

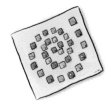

Tu sais … ?

✓ te décrire	*Je suis grand(e), mince, brun(e) avec les cheveux courts. J'ai les yeux bleus. J'ai des lunettes.*
✓ dire quand tu arrives	*J'arrive en (train), le (3 mars) à (18 heures).*
✓ faire visiter ta maison	*Voici ta chambre. La salle de bains est en face.*
✓ parler à un(e) invité(e)	*Tu veux prendre une douche/te reposer?*
✓ répondre poliment	*Oui, je veux bien. Non merci, ça va.*
✓ parler des vacances	*Je suis allé(e) en France. J'ai visité Paris. C'était super/nul.*
✓ dire merci	*Merci beaucoup pour votre accueil.*

Et en grammaire … ?

✓ le passé composé (révisions)	*J'ai acheté, Je suis allé(e)*
✓ c'était + adjectif	*C'était super*

En équipe

Bienvenue chez nous!

Préparez une brochure pour de jeunes touristes français/francophones qui voudraient venir un week-end dans votre ville.

- **Quand venir?**

1 Faites une liste des fêtes de votre ville.
Exemple *le 1er janvier: le Nouvel An, le 15 mars: la fête de la ville, …*

2 Écrivez vos recommendations sur la brochure.
Exemple *Nous recommandons: Le 15 mars, c'est la fête de la ville. On fait un défilé, on danse dans les rues, on mange …*

- **Comment arriver?**

3 Faites une liste des transports pour arriver dans votre ville.
Exemple *L'avion, le train, …*

4 Écrivez vos recommandations sur la brochure.
Exemple *Pour arriver à Thistown, il faut prendre le bateau et le train. Il y a un bateau à dix heures, …*

- **Quoi faire?**

5 Faites une liste des activités dans votre ville.
Exemple *la piscine, le musée, le cinéma, …*

6 Écrivez vos recommandations sur la brochure.
Exemple *On peut: visiter le musée, …*

- **Quelle expérience!**

7 Imaginez le week-end d'un groupe de jeunes Français dans votre ville. Décrivez ce week-end au passé sur la brochure.

> Nous avons passé un week-end génial à Thistown. Nous sommes venus à Thistown le 15 mars. Nous avons visité le musée. C'était intéressant. …

Équipe-Magazine

les bons plans J&J

Séjours linguistiques

Apprendre en s'amusant

Les summer camps

Des colonies de vacances largement répandues aux États-Unis. Vous vivez parmi de jeunes Américains et vous dormez sous la tente ou en bungalow. Préparer un feu de bois, monter à cheval … permettent de pratiquer la langue en s'amusant. **Pour les 11–17 ans.**

Sur un campus américain

Partez étudier dans une université aux États-Unis. La vie sur un campus est géniale. C'est une véritable petite ville avec des bars, des restaus, des magasins, des cinémas … Au programme: 20 heures de cours par semaine, sport à gogo, concerts, excursions … **Pour les 14–18 ans.**

Des idées de séjours à thèmes

VIDÉO ET MÉDIA: En quelques semaines, vous réalisez en équipe un petit film et écrivez le scénario, en anglais bien sûr! **Pour les élèves à partir de 13 ans.**

EN AVANT LA MUSIQUE: Les accros de musique opteront pour des vacances musicales en Angleterre ou en Allemagne. Quelques heures par jour, vous jouez d'un instrument ou vous chantez. Pour progresser en langue et en musique! **Pour les 13–17 ans.**

LE RODÉO: Entraînez-vous au rodéo dans un ranch au Texas! Vous apprenez à seller, à lancer un lasso et vous faites des promenades. Le soir, vous retrouvez votre famille d'accueil ou vous campez à l'extérieur. **Pour les 15–17 ans.**

Révisions *Unités 7, 8, 9*

*Regarde les sections "Tu sais ...?"
pages 93, 105 et 117.*

Un peu d'argent

1a Écoute et note la somme.
Exemple *Émilie – 4 € par semaine*

Théo   Gaëtan   Félix

Patricia   Mathilde

b Réécoute. Qu'est-ce qu'ils ont fait avec leur argent?
Exemple *Émilie – magazine*

2 Regarde les dessins. **A** décrit le petit boulot. **B** devine la personne.
Exemple

A: Je fais du baby-sitting.
B: Tu es Émilie.
A: Oui.

3 Et toi? Tu as un petit boulot? Tu as de l'argent de poche? Qu'est-ce que tu fais avec ton argent? Écris un paragraphe (20–30 mots environ).

Émilie   Gaëtan   Théo

Mathilde   Patricia   Félix

En visite

4a Lis la lettre. Qui est Patricia: *a* ou *b*?

> Salut!
> Je me présente: je m'appelle <u>Patricia</u>
> <u>Delamarre</u>. J'ai <u>quatorze</u> ans. Je suis <u>belge</u>. Je
> suis <u>grande</u> et <u>assez mince</u>. Je suis <u>brune</u>. J'ai
> les cheveux <u>courts et frisés</u> et les yeux <u>marron</u>.
> <u>J'ai des lunettes</u>.
>
> Patricia

4b Adapte la lettre de Patricia et écris ta description. Change les détails soulignés.

5a Sandrine a visité Paris. Regarde ses photos. **A** décrit une des photos.

> **A** Elle a défait ses bagages.

> **B** indique la bonne photo. C'est lundi.

5b Imagine le journal intime de Sandrine.
Exemple *Mardi, j'ai visité la Tour Eiffel. C'était très intéressant. Je suis montée à pied. Après, j'ai mangé une glace. C'était délicieux, mais assez cher.*

6 Tu veux organiser une boum pour des correspondants français. Pour organiser une boum, qu'est-ce qu'il faut faire? Fais une liste. Qui a la liste la plus longue?
Exemple *Il faut faire les invitations, il faut acheter à boire, etc.*

lundi · mardi · mercredi · jeudi · vendredi · samedi

Question de look

1 PANTALON = 4 TENUES

1 Lis les étiquettes et relie aux photos.

2 🔊 Écoute. La tenue préférée de Nathalie, c'est quoi? Et la tenue préférée de Karima?

3 👥 Décris une tenue. Ton/Ta partenaire devine!
Exemple

A: C'est un pantalon noir, une veste noire …
B: C'est le numéro deux.

4 🔊 Écoute. C'est la tenue préférée de Martin ou d'Antoine?

a un pantalon noir + une chemise bleue + une veste noire + des sandales noires = une tenue "rock"

b un pantalon noir + une chemise verte + des sandales noires = une tenue "été"

c un pantalon noir + un blouson blanc + des sandales noires = une tenue "ville"

d un pantalon noir + un pull rose + un cardigan rose + des chaussures blanches = une tenue "charme"

Pour aller au collège, ma tenue préférée, c'est …

5 🔊 Réécoute. Recopie et complète la bulle pour Martin et pour Antoine.

un jean	bleu(es)
un pantalon	noir(es)
un sweat	vert(es)
un tee-shirt	blanc/blanche(s)
des baskets	rouge(s)
un blouson	beige(s)
des chaussures	

Les pages "encore/en plus"

En plus ... unité 1

Au magasin de vêtements

1 🔊 Écoute et lis la conversation. Note les réponses de Karima.
Exemple *b, ...*

> On va en ville? Je voudrais acheter <u>un pull</u> pour aller <u>au collège</u>.

> D'accord!

Nathalie
– Tu aimes <u>ce pull vert</u>?

– Et <u>ce pull bleu</u>, ça me va?

– Super, <u>ce pull gris</u>!

– Moi, j'adore. Je prends <u>le pull gris</u>!

Karima
{ **a** – Ah oui, <u>j'aime bien</u>.
{ **b** – Ah non, <u>je n'aime pas</u> beaucoup.

{ **c** – Oui, ça te va bien. C'est <u>sympa</u>.
{ **d** – Non, ça ne te va pas. C'est <u>trop grand</u>.

{ **e** – Oui, c'est super.
{ **f** – Bof! Ce n'est pas ton genre. Le look <u>habillé</u>, ça ne te va pas.

2a 👥 **A** est Nathalie. **B** est Karima. **B** utilise les autres réponses.
Exemple

A: On va en ville? Je voudrais acheter un pull pour aller au collège.
B: D'accord!
A: Tu aimes ce pull vert?
B: Ah oui, j'aime bien. ...

b 🔊 Écoute pour vérifier.

3 Relis la conversation de l'activité 1. Change les mots soulignés avec des éléments de la boîte. Écris la nouvelle conversation.
Exemple *– On va en ville? Je voudrais acheter une chemise pour aller à une boum.*

Nathalie:	Karima:
une chemise	j'adore / je déteste
à une boum	pratique
cette chemise	petit
blanche	décontracté
bleue verte	

4 👥 Joue ta conversation avec un(e) partenaire.

Encore! unité 2

Le cinéma, c'est sympa!

cinéma – grand écran – dolby digital

trilogie star wars *édition spéciale*

vendredi 6 juin

billets en vente le jour même à partir de 14 h.

la guerre des étoiles 20h30
l'empire contre attaque 22h45
le retour du jedi 1h00

1 film: 2,30, 4 et 6,15€ / 3 films: 7, 8.50 et 14,15€ dsn – cinéma jean renoir – dieppe
1, quai bérigny – 02 35 82 04 43 – 3615 inf 76

1 Réponds aux questions.
 a C'est quel cinéma?
 b Quelle est l'adresse du cinéma?
 c Quel est le numéro de téléphone?
 d On peut acheter des billets avant le 6 juin?
 e À quelle heure commence *La Guerre des étoiles*?
 f À quelle heure commence *L'Empire contre-attaque*?
 g Comment s'appelle le troisième film?
 h On peut voir un film pour 2 euros 30?
 i On peut voir trois films pour 6 euros 15?

2 🎧 Écoute l'annonce. Trouve les trois erreurs.

- *Astérix et les Indiens*, dessin animé, 20 avril, 17 h 45
- *Babe, le cochon devenu berger*, comédie animalière, 22 avril, 19 h 05
- *Chacun cherche son chat*, comédie, 26 avril, 20 h 15
- *L'Effaceur,* film d'action avec Arnold Schwarzenegger, 29 avril, 21 h 10
- *Fargo*, film policier, 1 mai, 20 h 25
- *Mission: impossible*, film d'espionnage avec Tom Cruise, 3 mai, 19 h

3 👥👥 Invente des conversations.
A choisit un film de la liste et invite son/sa partenaire. **B** accepte/refuse.
Puis, changez de rôles.
Exemple

A: Tu veux venir voir *Fargo* avec moi?
B: C'est quelle sorte de film?
A: C'est un film policier.
B: C'est quand?
A: C'est le premier mai.
B: C'est à quelle heure?
A: Le film commence à 20 h 25. Tu veux venir?
B: Oui, je veux bien.

En plus ... unité 2

Toutes les infos sur les films de la semaine

CINÉMA LE REX
à DIEPPE
08 36 68 6902*

Cinéfil, le fil du ciné ... toutes les informations
ou sur Minitel 3615 CINEBOX*

Toutes les infos sur le répondeur:
petit mode d'emploi
APRÈS AVOIR ACTIVÉ LA TOUCHE

1 La touche 1 sert à sélectionner un film.
2 La touche 2 donne les horaires du film sélectionné.
3 La touche 3 vous communique le résumé du film.
4 La touche 4 vous informe du tarif.
8 Cette touche vous permet de réécouter l'information que vous venez d'entendre

À tout moment, vous pouvez appuyer sur une touche, pour gagner du temps.

1 Tu veux des informations. Lis les instructions sur la carte. C'est quelle touche?
  a Combien coûte un billet?
  b Est-ce qu'il y a un film de science-fiction ce soir?
  c La séance commence à quelle heure?
  d Tu veux écouter les infos une deuxième fois.
  e Tu veux choisir un film.
  f Il y a des réductions le mercredi?

2 📼 Écoute les informations sur les horaires (touche 2). Note les heures des séances.
Exemple 14 h 15, ...

3 👥 A choisit un film au cinéma Rex.
B devine le film choisi. Puis changez de rôles.
Exemple

A: Je vais voir un film de science-fiction dimanche.
B: Un film de science-fiction ... C'est à quelle heure?
A: Le film commence à 20 h 30.
B: Tu vas voir *Le Retour du Jedi*.
A: Oui.

CINÉMA
REX (4 SALLES)

Répondeur 08 36 68 69 02 – 3-5 Place Nationale – DIEPPE

Ven., Sam. 14 h 15. 20 h 45. 23 h
Dim. 14 h 15. 16 h 30. 20 h 45 – Lun., Mar. 14 h 15. 20 h 45
Un film de Claude Zidi avec Josiane Balasko, Christophe Lambert
Serveuse dans un restaurant routier, Arlette est loin de se douter
que son destin est en train de se jouer

ARLETTE

Ven., Sam. 14 h 15. 20 h Dim. 14 h 15.
Lun. 20 h 30 – Mar. 14 h 15. 20 h 30
Un film de Baz Luhrmann avec Leonardo Dicaprio, Claire Danes
La plus grande histoire d'amour que le monde ait connue.

ROMÉO ET JULIETTE

Ven., Sam. 23 h Dim. 14 h 15. 20 h 45 –
Lun. 14 h 15. – Mar. 20 h 45.
Un film de Roger Donaldson avec Pierre Brosnan, Linda Hamilton
Rien n'arrête la colère de la terre

LE PIC DE DANTE

Ven., Sam. 14 h 15. 23 h
Dim. 16 h 30. 20 h 30 – Lun. 14 h 15. 20 h 30 – Mar. 14 h 15.
Avec Harrison Ford, Carrie Fisher, Mark Hamill, Peter Cushing
Il y a vingt ans dans notre galaxie

LE RETOUR DU JEDI

Ven. 20 h 45 – Sam. 14 h 15. 20 h 45. –
Dim. 14 h 15. 16 h 30 – Mar. 20 h 45.
Walt Disney présente un film de Stephen Herek avec Glenn Close,
Jeff Daniels, Joely Richardson

LES 101 DALMATIENS

Encore! unité 3

1a 🔊 Écoute. Qui accepte (✓) et qui refuse (✗) l'invitation?
Exemple 1 ✓

b 🔊 Réécoute. Si l'invitation est acceptée, note les détails (activité, heure).
Exemple 1 ✓ *ville 4 h 30*

c 👥 Fais des conversations.
Exemple

A: Tu veux aller en ville?
B: Oui, je veux bien.
A: On se retrouve à quelle heure?
B: À quatre heures et demie?
A: D'accord.

2 👥 Regarde le menu. Adapte la conversation. Change les expressions soulignées.

A: Qu'est-ce que tu as mangé?
B: J'ai mangé <u>un sandwich jambon-fromage</u>.
A: Qu'est-ce que tu as bu?
B: J'ai bu <u>un thé</u>.
A: Tu as payé combien?
B: J'ai payé <u>6</u> euros.

Menu

Les Boissons Rafraîchissantes

1/4 Vichy, 1/4 Evian	2,00	1/4 Limonade	2,00
Lait froid	1,85	Perrier 33cl	2,60
Pepsi, Gini	2,50	Orangina	2,50
Jus de fruits	2,50		

Les Sandwichs

Jambon beurre	2,80	Thon	3,70
Jambon-fromage	3,40	Crabe	3,70
Fromage	2,80	Poulet	3,70

Les Crêpes

Beurre	2,30	Fromage	4,00
Œuf	4,00	Jambon	4,00
Jambon-fromage	5,20		

Les Boissons Chaudes

Café	1,15	Café double	2,15
Décaféiné	1,20	Café crème	2,30
Lait chaud	1,85	Chocolat	2,30
Thé de Ceylan	2,60	Earl grey	2,60

3 Recopie et complète la carte postale.

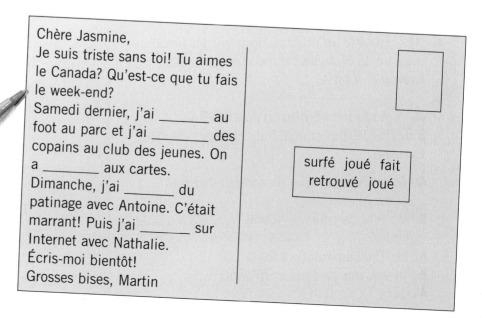

Chère Jasmine,
Je suis triste sans toi! Tu aimes le Canada? Qu'est-ce que tu fais le week-end?
Samedi dernier, j'ai _____ au foot au parc et j'ai _____ des copains au club des jeunes. On a _____ aux cartes.
Dimanche, j'ai _____ du patinage avec Antoine. C'était marrant! Puis j'ai _____ sur Internet avec Nathalie.
Écris-moi bientôt!
Grosses bises, Martin

surfé joué fait
retrouvé joué

En plus ... unité 3

1a 🔊 Écoute. Recopie et complète l'agenda.

b C'était un week-end intéressant? Tu es d'accord?

2a 👥 Adapte la conversation. Change les expressions soulignées.

> **A**: Tu as mangé dans quel restaurant?
> **B**: J'ai mangé à <u>Pizza Hut</u>.
> **A**: Quand?
> **B**: <u>Le week-end dernier</u>.
> **A**: Qu'est-ce que tu as mangé?
> **B**: J'ai mangé <u>une pizza "quatre saisons"</u>.
> **A**: Qu'est-ce que tu as bu?
> **B**: J'ai bu <u>du coca</u>.
> **A**: Tu as payé combien?
> **B**: J'ai payé <u>huit euros cinquante</u>.
> **A**: C'était bien?
> **B**: <u>Oui</u>, c'était <u>délicieux</u>!

b Écris un rapport sur ta visite.
Exemple *Le week-end dernier, j'ai mangé à Pizza Hut avec ma famille. J'ai mangé … C'était …*

	samedi	dimanche

3 Regarde l'agenda de ton week-end à Paris. Écris une carte postale.
Exemple *Samedi matin, j'ai acheté des souvenirs au marché. C'était intéressant. Samedi après-midi, …*

> visiter acheter faire (fait) voir (vu)
> manger boire (bu) payer

Week-end à Paris		
	samedi	**dimanche**
matin	marché – souvenirs	Tour Eiffel
après-midi	promenade en ville	Château de Versailles
soir	restaurant	cinéma

Vive le week-end!

1 Qu'est-ce qu'ils ont fait? Écoute. C'est samedi ou dimanche?

2 Qui parle?

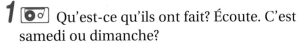

A Dimanche, j'ai fait le ménage.

B Maman?

A Oui.

3 Choisis un jour: samedi ou dimanche. Écris qui a fait quoi.
Exemple Dimanche, maman a fait le ménage dans la salle à manger. Anne a …

En plus ... unité 4

"Tu n'as pas rangé ta chambre?"

1 📼 Lis les questions *a–e*. Écoute Marie.
Réponds aux questions.
a Elle a fait les courses?
b Elle a fait la cuisine?
c Elle a mis le couvert?
d Qu'est-ce qu'elle a fait après le repas?
e Qu'est-ce qu'elle a fait dans le séjour?

2 👥 Jeu de rôle.
Personnages: la mère/le père et un(e)
adolescent(e)

Situation: L'adolescent(e) est en vacances.
Il/Elle a passé la journée à la maison. La
mère/le père rentre après une journée au
travail. La maison est en désordre. La mère/le
père est furieuse/furieux.

Commencez:

Mère/Père: Qu'est-ce que tu as fait toute la
journée?

Adolescent(e): J'ai regardé des vidéos!

Mère/Père: Tu as regardé des vidéos???
Tu n'as pas fait les courses?

Adolescent(e): Euh, non, je n'ai pas fait les
courses.

Mère/Père: Tu n'as pas fait le ménage? …

3 Prends de bonnes résolutions. Écris une liste.
Exemple

*Je vais faire
les courses
tous les jours.*

Phrases utiles
tous les jours
tous les matins
tous les soirs
tous les week-ends
régulièrement

Encore! unité 5

Ça se fête!

1 Trouve l'intrus.

a janvier mars septembre mercredi juin avril

b Noël Aïd Anniversaire Pâques Épiphanie

c dinde huîtres gâteau champagne dattes

2 📼 Écoute. C'est quelle fête?
Exemple 1 a – C'est Noël.

Qu'est-ce que tu as fait le soir de Noël?

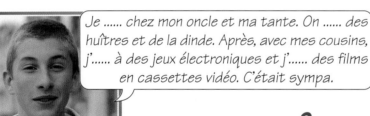

Je ...... chez mon oncle et ma tante. On ...... des huîtres et de la dinde. Après, avec mes cousins, j'...... à des jeux électroniques et j'...... des films en cassettes vidéo. C'était sympa.

Je ...... au restaurant avec mes parents. J'...... beaucoup de fruits de mer! J'...... un peu de champagne. Après, on ...... à la messe de minuit à l'église.

3 Recopie et complète les bulles avec les verbes dans la boîte.

> est allés   suis allée   suis allé   a mangé
> ai mangé   ai joué   ai regardé   ai bu

4 Et toi, qu'est-ce que tu as fait à Noël? Écris/Enregistre. Change les expressions soulignées.

Cette année, à Noël, je suis allé(e) chez ma grand-mère. J'ai mangé beaucoup de chocolat! J'ai regardé une émission de musique à la télévision. C'était super.

En plus ... unité 5

Jours fériés

Un jour férié, c'est un jour spécial: on ne travaille pas.

1. **La Fête du Travail**, c'est le 1er mai. Ce jour-là, les syndicats de travailleurs défilent dans les rues. C'est aussi la Fête du Muguet: on s'offre cette belle petite fleur blanche.

2. **La Pentecôte**, c'est le septième dimanche et lundi après Pâques. C'est une fête religieuse. Les gens vont en week-end à la campagne. Il y a beaucoup de monde sur les routes.

3. **La Fête Nationale**, c'est le 14 juillet. Ce jour-là, on décore les rues avec des drapeaux et des lumières. Il y a un grand défilé militaire à Paris. Le soir, il y a des bals dans les rues et des feux d'artifice.

4. **L'Assomption**, c'est le 15 août. C'est une fête religieuse, la fête de la Vierge Marie. Ce jour-là, tous les magasins sont fermés. Il y a des défilés, des festivals folkloriques un peu partout.

5. **La Toussaint**, c'est le 1er novembre. Ce jour-là, c'est la Fête des Morts. On va mettre des fleurs sur les tombes dans les cimetières, à la mémoire des parents ou amis morts.

6. **Le 11 novembre**, c'est l'anniversaire de la fin de la première guerre mondiale (1918). Dans toutes les villes, il y a une cérémonie devant le Monument aux Morts.

Autres jours fériés:	
1er janvier:	**Jour de l'An**
mars/avril:	le dimanche et le lundi de **Pâques** (fête religieuse)
mai/juin:	**L'Ascension**, c'est le sixième jeudi après Pâques (fête religieuse)
8 mai:	fête de **la Libération** (deuxième guerre mondiale)
25 décembre:	**Jour de Noël**

1 Lis l'article et relie les six jours fériés aux photos.

2 🎧 Écoute et écris le nom de la fête pour chaque conversation.
Exemple 1 – le Nouvel An

3 👥 B ferme le livre.

A *La Toussaint, c'est quelle date?*

B *C'est le 1er novembre.*

A *Oui, c'est vrai.*

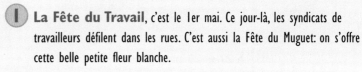

Encore! unité 6

Tour du monde à vélo

À 27 et 25 ans, Claude et son amie Françoise avaient un grand rêve: faire le tour du monde. Le 1er avril 1980, ils sont partis de Lyon à vélo … pour faire un voyage extraordinaire!

D'abord, ils sont allés dans le nord de l'Europe, jusqu'au Cap Nord. Après, ils sont descendus par l'Europe centrale et ils sont allés en Asie. Ils sont restés six ans en Asie!

Ils ont visité le Pakistan, l'Inde, la Chine, et beaucoup d'autres pays! Ils ont eu beaucoup d'aventures: ils ont campé dans des déserts et dans la jungle, ils sont montés sur les sommets de l'Himalaya, ils ont mangé des choses très "exotiques": du hérisson, du singe, des coléoptères … et ils se sont mariés!

(22)

1 Lis l'article et trouve:
  a trois prénoms
  b deux mois
  c deux villes
  d neuf pays
  e trois animaux

2 Ça se dit comment en français?
  a An extraordinary trip
  b They went to Asia.
  c They stayed six years.
  d They camped in deserts and in the jungle.
  e They arrived in Australia.
  f They continued their adventure.

3 Relis l'article et réponds aux cinq questions.
  1 Claude et Françoise sont partis quand?
  2 Ils sont allés où?
  3 Ils ont voyagé comment?
  4 Ils sont restés combien de temps?
  5 C'était comment?

En 1987, ils sont arrivés en Australie. En 1988, en Nouvelle-Zélande, ils ont eu un bébé, une petite fille, Manon. C'était la fin du voyage? Eh non! Ils ne sont pas rentrés en France, ils ont continué leur aventure! Ils ont mis Manon dans un petit panier et ils sont remontés sur les vélos! Après, Manon était dans une petite remorque spécialement équipée.

Avec Manon, ils ont traversé les États-Unis, l'Amérique du Sud, l'Afrique de l'Ouest, le Maroc et l'Espagne. Le 1er mai 1994, ils sont arrivés à Paris: c'était la fin d'un tour du monde de 14 ans!

C'était vraiment extraordinaire pour Claude et Françoise, mais surtout pour Manon, cette petite fille de six ans: elle a des copains sur tous les continents!

(23)

1 Lis l'article et trouve le français pour:
1 A big dream: to go round the world.
2 They got married.
3 They had a baby.
4 Was it the end of the journey?
5 They didn't go back to France.
6 They put Manon in a small basket.
7 They got on their bikes again.
8 Manon was in a specially equipped trailer.

2 Imagine: tu es Claude ou Françoise. Un reporter fait une interview sur Internet. Réponds à ses questions.
1 Vous êtes allé(e) où?
2 Vous êtes parti(e) quand?
3 Vous êtes resté(e) combien de temps?
4 Vous avez voyagé comment?
5 Qu'est-ce que vous avez fait?
6 C'était comment?

3 **A** est Claude ou Françoise. **B** est reporter et prépare 10 questions. Imaginez l'interview.

1a 🔲 Écoute Martin. Note les trois petits boulots qu'il a fait pour gagner de l'argent.

b Réécoute. Note son opinion de chaque activité.
Exemple   a – super

2 Regarde les dessins à droite. Que disent les trois personnes?
Exemple   1 – J'ai <u>cinq</u> euros par semaine. J'achète <u>un magazine</u> et <u>des boissons</u>. Je mets de l'argent de côté pour acheter <u>un vélo</u>.

3 Martin écrit à Jasmine après la boum. Recopie et complète sa lettre.

Chère Jasmine,
Samedi dernier, c'était l'_____ de Nathalie. On s'est bien amusés. On a _____ une super boum au club. Nathalie a fait les _____ sur l'ordinateur, Antoine a _____ la musique, Karima a _____ à manger et à boire et moi, j'ai rangé les _____ et j'ai préparé les _____. On a beaucoup dansé! Dimanche matin, j'étais _____ fatigué!
J'ai acheté du papier à lettres comme _____ pour Nathalie, parce qu'elle aime écrire des lettres, surtout à toi. Moi aussi!
Écris-moi bientôt! Grosses bises,
Martin

invitations	pizzas	acheté
très	cadeau	organisé
choisi	anniversaire	meubles

En plus ... unité 7

1a 📼 Écoute Antoine et prends des notes.
Qu'est-ce qu'il a fait pour gagner de l'argent?

b 📼 Réécoute. Il a gagné combien?

2a Lis la lettre et réponds aux questions.

J'ai passé un week-end très actif! Samedi matin, je suis allée au club de tennis, où j'ai gagné un match! L'après-midi, je suis allée en ville avec mon copain pour acheter des cadeaux de Noël. J'ai choisi un livre pour mon copain, parce qu'il adore la lecture. Le soir, j'ai fait du baby-sitting, parce que mes parents sont allés au cinéma. J'aime bien ça, parce que je gagne un euro cinquante de l'heure! Mon petit frère est allé au lit à huit heures et, après ça, j'ai regardé un super film à la télévision.

Dimanche, j'ai promené le chien, j'ai joué avec mon frère, j'ai fait de la natation et j'ai joué aux jeux vidéo au club des jeunes. Et toi? Tu as passé un bon week-end?

Marilyne

a Qu'est-ce que Marilyne a fait samedi matin?
b Pourquoi est-ce qu'elle a choisi un livre pour son copain?
c Le baby-sitting, c'est bien payé? Qu'en penses-tu?
d Elle a fait quels sports pendant le week-end?
e Tu as fait les mêmes activités que Marilyne le week-end dernier?

2b Écris une réponse à Marilyne pour décrire un week-end très actif!
Exemple Chère Marilyne, j'ai passé aussi un week-end actif. Samedi matin, je suis allé(e) …

Encore! unité 8

On s'amuse

1 Qu'est-ce qui est le plus amusant? Décidez.

A *Aller au cinéma, c'est plus amusant.*

B *Non, lire un magazine, c'est plus amusant.*

a aller au cinéma/lire un magazine
b jouer au football/faire du ski
c aller au collège/aller à la piscine
d ranger sa chambre/faire la vaisselle
e faire les courses/faire la cuisine
f avoir un ordinateur/avoir un vélo

Le bon numéro?

2a Écoute les conversations. Le numéro dans la liste est bon (✔) ou non (✗)?

b Réécoute. Recopie et corrige les numéros qui sont faux.

Le Grand Café Capucines	01 43 12 19 00
Pariscope	01 41 34 73 47
Tour Eiffel	01 44 11 23 23
Musée Claude-Monet	02 32 51 28 21
Parc floral	04 72 45 69 18
Club des jeunes	03 80 08 67 25

3 **A** choisit un dessin et demande le numéro. **B** donne le numéro.

En plus ... unité 8

Pour téléphoner, qu'est-ce qu'il faut faire?

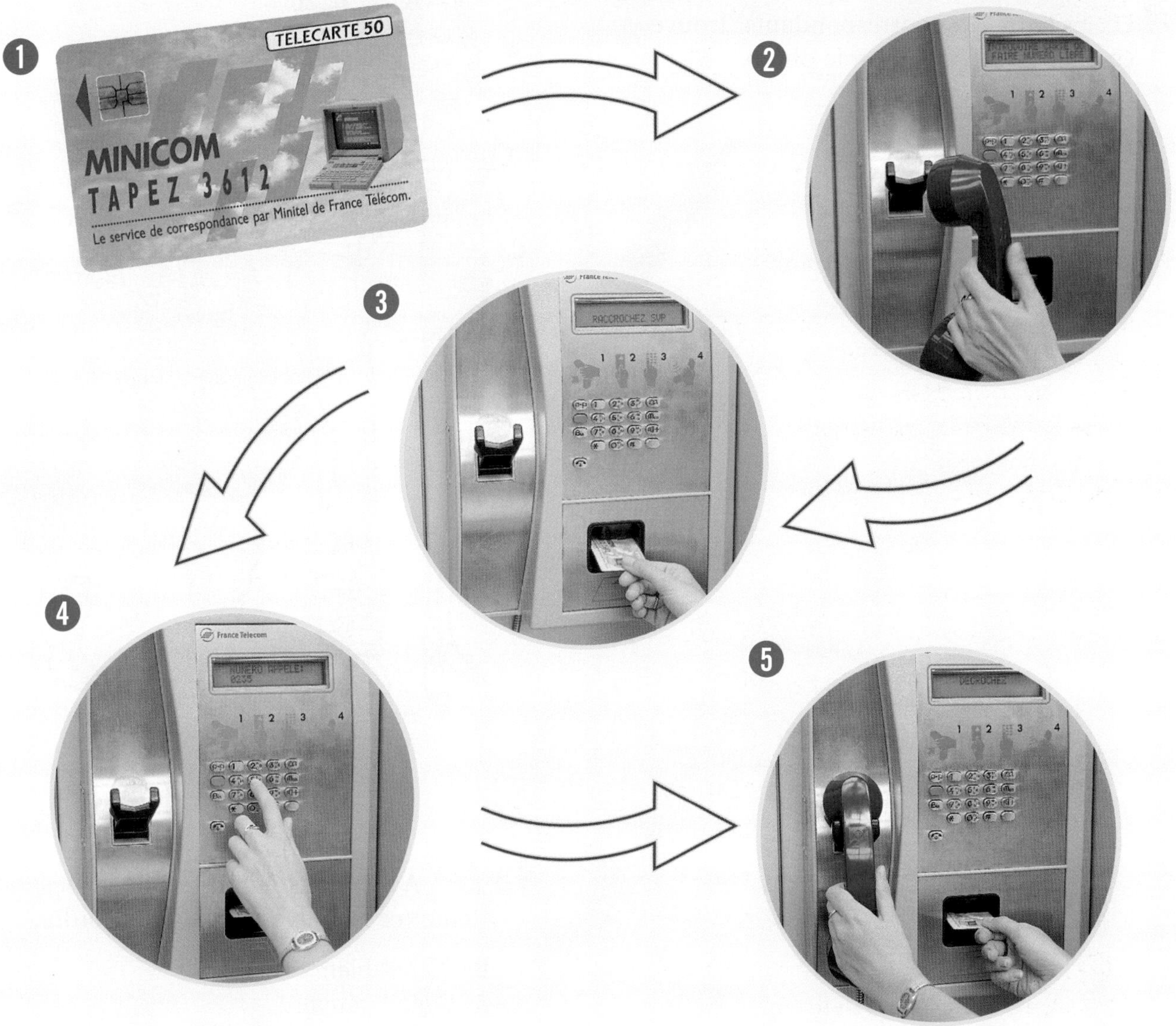

1a Relie les instructions aux photos.
- **a** Il faut composer le numéro demandé.
- **b** Tu as une télécarte? On peut acheter une carte à la poste ou au tabac.
- **c** Après ta conversation, il ne faut pas oublier de retirer la carte.
- **d** D'abord, il faut décrocher le combiné.
- **e** Il faut introduire la carte.

b Écris les instructions dans le bon ordre.

2 Tu vas à Paris en avril avec ta grand-mère. Écris une lettre à l'Office de Tourisme. (Adapte la lettre A, page 104.)

Demande:
- **a** une liste des hôtels
- **b** un plan de la ville
- **c** des brochures touristiques.

Encore! unité 9

Les correspondants arrivent

1 Lis les lettres des correspondants. Trouve Camille et Sébastien sur la photo.

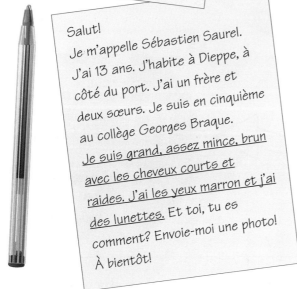

> Salut!
>
> Je suis Camille Lahaye. J'ai 14 ans. Je suis assez petite, assez grosse. Je suis brune avec les cheveux courts et frisés. J'ai les yeux marron.

> Salut!
>
> Je m'appelle Sébastien Saurel. J'ai 13 ans. J'habite à Dieppe, à côté du port. J'ai un frère et deux sœurs. Je suis en cinquième au collège Georges Braque. Je suis grand, assez mince, brun avec les cheveux courts et raides. J'ai les yeux marron et j'ai des lunettes. Et toi, tu es comment? Envoie-moi une photo! À bientôt!

2 Imagine la lettre des deux autres jeunes Français. Écris comme sur le modèle (les phrases soulignées).
Exemple *a – Je suis grande, très mince …*

3 Écris une lettre à Sébastien pour te présenter.

4a **A** est Sébastien, **B** est son correspondant. Remettez la conversation dans l'ordre.

B: C'était bien?
A: C'était génial!
B: Et après, tu es allé où?
A: J'ai visité les universités.   **commence ici**
B: Salut! Alors, Oxford, c'était comment?
A: Oui, des souvenirs et des cadeaux pour ma famille.
B: Qu'est-ce que tu as fait à Oxford?
A: Après, je suis allé au marché.
B: Tu as acheté quelque chose au marché?
A: Ah oui, c'était vraiment super!

b Écoute pour vérifier.

c À vous de jouer la conversation.

En plus ... unité 9

Le parfait invité

Es-tu l'invité(e) parfait(e)? Réponds aux questions. Compte tes points et lis les commentaires.

1a Avant de partir, tu envoies une description de toi à ton hôte.
Oui? (1 point)   Non? (0 point)

b Décris-toi physiquement dans une lettre à ton hôte (1 point par information).

2a Quelques jours avant, tu informes ton hôte de la date et l'heure de ton arrivée.
Oui? (1 point)   Non? (0 point)

b Regarde ton billet. Enregistre un message sur le répondeur de ton hôte avec le plus possible de renseignements (1 point par information).
Exemple   *Allô, ici ...*

3a Pour toi, être poli(e) avec tes hôtes, c'est ...
a très important. (2 points)
b assez important. (1 point)
c pas très important. (0 point)

b  Tu arrives chez ton hôte. Regarde les dessins. Écoute et réponds à ton hôte (1 point par réponse polie).

eurostar	**Paris-Nord**
Départ 18/12 à 15 h 23 de London Waterloo	**Arrivée** 18/12 à 19 h 23 à Paris-Nord
A utiliser dans le train 9038	

4a Après ton séjour,
a tu écris un mot à tes hôtes pour dire merci. (1 point)
b tu attends Noël pour écrire une carte. (0 point)

b Écris une lettre à la famille d'accueil. Choisis les bonnes formules! (1 point par phrase bien choisie)

Salut!	Chère Madame, cher Monsieur,
Génial, mon séjour chez vous!	J'ai beaucoup aimé mon séjour chez vous.
J'ai bien aimé les visites, surtout à la Tour Eiffel!	C'était super, les visites!
Merci beaucoup pour votre accueil.	Vous avez été super sympa avec moi!
À plus tard!	Au revoir et à bientôt!

Résultats	
moins de 10 points	Tu n'es pas très sociable, fais un effort!
de 10 à 20 points	Tu es un(e) bon(ne) invité(e). C'est bien.
plus de 20 points	Tu es l'invité(e) idéal(e)! Bravo!

Grammaire

Introduction

All languages have grammatical patterns (sometimes called "rules"). Knowing the patterns of French grammar helps you understand how French works. It means you are in control of the language and can use it to say exactly what you want to say, rather than just learning set phrases.

Here is a summary of the main points of grammar covered in *Équipe 1* and *2*, with some activities to check that you have understood and can use the language accurately.

Glossary of terms

noun   *un nom*
a person, animal, place or thing

***Nathalie** achète un **jean** au **supermarché**.*

---

singular   *le singulier*
one of something

***Mon frère** a rangé **sa chambre**.*

---

plural   *le pluriel*
more than one of something

***Les filles** adorent **les émissions sportives**.*

---

pronoun   *un pronom*
a short word used instead of a noun or name

***Il** a un pantalon noir.*
***Elles** sont allées au cinéma.*

---

verb   *un verbe*
a doing word

*On **va** à la piscine.*
*J'**ai fait** mes devoirs.*

---

adjective   *un adjectif*
a word which describes a noun

*Ce film est **nul**.*
*C'est un appartement **moderne**.*

---

preposition   *une préposition*
describes position: where something is

*Je m'habille **dans** ma chambre.*

---

1 Nouns   *les noms*

Nouns are the words we use to name people, animals, places or things. In English, nouns often have a small word in front of them (*a, the, this, my, his,* etc.).

1.1 Masculine and feminine

All French nouns are either masculine or feminine.

	Masculine words	Feminine words
a or *an*	un	une
the	le	la

For example: **un** *ordinateur*   **une** *émission*
              le *cinéma*   **la** *cassette*

When you meet a new noun, learn whether it is masculine or feminine:

une chemise ✓   chemise ✗

1.2 Singular and plural

Singular = one   Plural = more than one

Most French nouns add *-s* to make them plural, just as in English:

la jambe ➔ *les jambe***s**

Remember that in French the *-s* at the end of the word is not usually pronounced.

Some nouns do not follow this regular pattern:

- nouns ending in *-al* usually change to *-aux*:
  un animal ➔ *des anim***aux**

- nouns already ending in *-s, -x* or *-z* usually stay the same:
  le bras ➔ *les bras*
  le prix ➔ *les prix*

- nouns ending in *-eau* or *-eu* add *-x*:
  un château ➔ *des château***x**
  un jeu ➔ *des jeu***x**

- a few nouns change completely:
  un œil ➔ *des* **yeux**

In front of plural nouns, the words for *a* and *the* change:

un/une ➔ **des**   *le/la* ➔ **les**

For example:
Nathalie écoute **une** *cassette.*
Nathalie écoute **des** *cassettes.*

Le *professeur est travailleur.*
Les *professeurs sont travailleurs.*

1.3 de + noun

Remember:

de + le ➔ **du**   *de + la* ➔ **de la**
de + l' ➔ **de l'**   *de + les* ➔ **des**

- Use *du, de la, de l'* or *des* + noun when you want to say *some* or *any*.
  On a mangé **des** *croissants avec* **de la** *confiture.*
  We ate **some** croissants with jam.

  Tu as **du** *chocolat?*
  Have you got **any** chocolate?

Note: In English, you can often leave out the word *some* or *any*. In French it can never be left out:

On a bu **du** *coca.*
We drank **some coke.**/We drank **coke.**

- Use noun + *de* + noun to show who (or what) things belong to:
  les baskets **de Martin**   **Martin's** trainers
  les questions **des élèves**   **the pupils'** questions

(See 7.2. for negative + noun.)

2 Adjectives   *les adjectifs*

Adjectives are describing words.

2.1 Form of adjectives

In French, the adjective changes to match the word it is describing. Like a noun, it must be either masculine or feminine, singular or plural.

To show this, there are special adjective endings:

	singular	plural
masculine words	add nothing	add -s
feminine words	add -e	add -es

For example:

mon père est petit *mes frères sont petits*
ma mère est petite *mes sœurs sont petites*

Some adjectives do not follow this regular pattern.

For example:

- adjectives ending in *-eur* or *-eux* usually change to *-euse* in the feminine:
  un frère travailleur ➔ *une sœur travailleuse*
  un frère courageux ➔ *une sœur courageuse*

- adjectives which already end in *-e* don't need to add another one in the feminine (but they do add *-s* when they describe plural words):
  un frère timide ➔ *une sœur timide*
  des enfants timides

- a very few adjectives stay the same whether they are masculine or feminine, singular or plural:
  un cousin sympa, une cousine sympa, des cousins sympa
  le film est super, la France est super, les magazines sont super

- some adjectives have their own pattern:

m. singular	f. singular	m. plural	f. plural
beau*	belle	beaux	belles
nouveau*	nouvelle	nouveaux	nouvelles
bon	bonne	bons	bonnes
gros	grosse	gros	grosses
vieux*	vieille	vieux	vieilles

* become *bel, nouvel, vieil* before a masculine noun that starts with a vowel: *le nouvel an*

A Recopie les phrases. Choisis la bonne forme de l'adjectif.

a C'est une ...... maison. [vieux]
b Martin a acheté de ...... chaussures. [beau]
c Les nouvelles ne sont pas .... [bon]
d C'est un ...... problème. [gros]
e J'ai vu son ...... appartement. [nouveau]
f Les animaux sont .... [beau]

2.2 Position of adjectives

In French, the pattern is for the adjective to come after the noun:

*un film **violent**, une ville **importante**, des copains **sympa**.*

Some adjectives break this rule. The following come before the noun:

grand	petit	jeune	vieux	bon	mauvais
nouveau		beau		gros	

For example:
*un **nouveau** jean   la **jeune** fille   de **bonnes** idées*

B Trouve la bonne forme et position pour les adjectifs. Fais des phrases comme dans l'exemple.

Exemple Elle habite une maison. [beau]
*Elle habite une **belle** maison.*

a J'ai vu deux documentaires. [intéressant]
b Tu as ta robe? [vert]
c Elles ont une voiture. [petit]
d Il sort avec une copine. [anglais]
e J'ai fait un gâteau. [gros]
f Il y a un documentaire? [bon]
g C'est une question. [intelligent]
h Au cinéma il y a un film. [vieux]

2.3 Comparatives

If you want to compare one thing with another, add *plus* before an adjective (to mean *more*).
The adjective must agree with the noun as usual.

Ce film est **plus** *intéressant.*
This film is **more** interesting.

Les billets sont **plus** *chers ici.*
The tickets are **more** expensive here.

2.4 Demonstrative adjectives

ce, cet, cette, ces can be used instead of *un/une/des* or *le/la/les* if you want to say *this* or *that*.

Tu aimes **ce** *livre?*
Do you like **this** book?

Je ne connais pas **cette** *fille.*
I don't know **that** girl.

Je prends **ces** *chaussures.*
I am taking **these** shoes.

	masculine	feminine
singular	ce	cette
	cet*	
plural	ces	ces

* *cet* is used before masculine singular words that begin with a vowel or a silent *h* (*cet étage, cet hôtel*).

C Qu'est-ce que tu vas acheter? Fais des phrases avec *ce, cet, cette, ces*.

Exemple Je vais acheter **cette** *robe, ces …*

3 Possessive adjectives
les adjectifs possessifs

These are adjectives that show who or what something belongs to (*my* bag, *your* CD, *his* brother). They come before the noun they describe, in place of *un/une/des* or *le/la/les,* for example.

Like all adjectives, they have to match the noun they describe:

	singular		plural
	masculine	feminine*	masculine or feminine
my	mon	ma	mes
your	ton	ta	tes
his/her	son	sa	ses

*before a feminine noun that begins with a vowel, use *mon, ton, son* (**ton** *amie,* **mon** *imagination,* **son** *opinion*).

For example:
Ma *sœur déteste* **ton** *frère.*
My sister hates **your** brother.

Il a **ses** *livres.*
He has **his** books.

4 Prepositions   *les prépositions*

These are words which tell you the position of something:

4.1 à

- Talking about time
  Use *à* to mean *at* when you talk about times. For example:

  Le bus est arrivé à quatre heures.
  The bus arrived **at** four o'clock.

- Talking about place
  Use *à* to say *at* or *to* a place:

  Il est allé à Dieppe.
  He went **to** Dieppe.

Important! With masculine or plural places, the *à* combines with the *le* or *les* in front of the noun to form a completely new word:

à + le ➔ **au**   *à + les* ➔ **aux**

For example:
Il est au cinéma.
He's **at** the cinema.

Ma cousine va aux États-Unis.
My cousin is going **to** the United States.

singular		plural
masculine	feminine	masculine or feminine
au*	à la	aux

*à l' before a vowel or a silent *h*: *à l'opéra, à l'hôpital*

4.2 en

In French, most names of countries are feminine. To say *in* or *to* these countries, use the word *en*:

Vous allez en France?   Are you going **to** France?

J'habite en Écosse.   I live **in** Scotland.

For masculine countries, use *au* instead (or *aux* if the country is plural):

Cardiff est au pays de Galles.
Cardiff is **in** Wales.

Je vais aux Antilles.
I'm going **to** the West Indies.

5 Pronouns   *les pronoms*

A pronoun is a small word which is used instead of a noun or name. It helps to avoid repetition.
For example:
*Ma copine s'appelle Anne. **Elle** a treize ans.*
My friend's name is Anne. **She** is thirteen.

5.1 Subject pronouns

The subject of a verb tells you who or what is doing the action of the verb. It is usually a noun, but sometimes it is a pronoun.

The French subject pronouns are:

I =
- *je*
- *j'* in front of a vowel or an *h*: *j'aime/j'habite*

You =
- *tu* when talking to a child, a friend or a relative
- *vous* when talking to an adult you are not related to, or more than one person

He = *il*   for a boy or man

She = *elle*   for a girl or woman

It =
- *il* if the thing it refers to is masculine
- *elle* if the thing it refers to is feminine

We =
- *nous*
- *on* is used more than *nous* in conversation.

  Use *on* when speaking or writing to friends.
  Use *nous* when writing more "official" texts.

They =
- *ils* for a masculine plural
  for a mixed group (masculine + feminine)
- *elles* for a feminine plural
- *on* when it means people in general

- *On*

  On can mean *we, they* or *one/you*. It is always followed by the same form of the verb as *il/elle* (though in the *passé composé* the past participle after a part of *être* is often plural).

  *On **peut** lire des magazines français.*
  You/One can read French magazines.

  *Au Québec, on **parle** français.*
  In Québec, they speak French.

  *On **a parlé** au téléphone.*
  We spoke on the phone.

  *On **est arrivés** hier.*
  We arrived yesterday.

5.2 Moi and toi

- For stress, put the pronouns *moi/toi* in front of the subject pronouns:

  ***Moi**, je vais au club. Et **toi**, tu vas où?*
  I'm going to the club. What about **you**?

  In front of *on*, use *nous* to stress *we*:

  *Vous ne regardez jamais les infos à la télé? **Nous**, on regarde les infos tous les soirs.*
  Don't you ever watch the news on TV? **We** watch the news every evening.

- Use *moi/toi* as one-word answers to a question:
  *Qui veut aller au cinéma? **Moi!***
  Who wants to go to the cinema? **Me!**

  *Qui a gagné? **Toi!***
  Who won? **You!**

- Use *moi/toi* after pronouns like *devant, chez* and *avec*:
  *Tu arrives chez **toi** à quelle heure?*
  What time do you get **home**?

  *Tu joues au tennis avec **moi**?*
  Will you play tennis with **me**?

6 Verbs *les verbes*

Verbs are words which we use to describe what is happening.

I **go** to Paris. He **goes** to Paris. They **went** to Paris.
*Je **vais** à Paris. Il **va** à Paris. Ils **sont** allés à Paris.*

6.1 The infinitive

If you want to look up a verb in a dictionary, you have to look up the infinitive. Infinitives in French end with *-er, -re, -ir* or *-oir/-oire*. For example: *écouter, prendre, choisir, pouvoir, boire.*

(See also 6.12.)

6.2 The present tense

A verb in the *present tense* describes an action which is taking place now or takes place regularly.

Je vais au cinéma. (now)

Je vais au cinéma le lundi. (every Monday)

6.3 Regular verbs in the present tense

Verb endings change according to who is doing the action:

*Je regard**e** la télé.   Nous regard**ons** la télé.*

Most French verbs follow the same pattern. They have regular endings.

- Regular endings in the present tense
  – for verbs that end in *-er*, like *aimer*:

j'	aim**e**	nous	aim**ons**
tu	aim**es**	vous	aim**ez**
il/elle/on	aim**e**	ils/elles	aim**ent**

Other regular *-er* verbs: *adorer, danser, détester, écouter, habiter, jouer, regarder.*

– for verbs that end in *-ir*, like *choisir*:

je	chois**is**	nous	chois**issons**
tu	chois**is**	vous	chois**issez**
il/elle/on	chois**it**	ils/elles	chois**issent**

Other regular *-ir* verbs: *finir, remplir.*

6.4 Irregular verbs in the present tense

Some verbs do not follow these regular patterns. They are irregular verbs.

Here are some of the most useful ones.

	avoir (to have)	être (to be)
j'/je	ai	suis
tu	as	es
il/elle/on	a	est
nous	avons	sommes
vous	avez	êtes
ils/elles	ont	sont

	aller (to go)	faire (to do)
je	vais	fais
tu	vas	fais
il/elle/on	va	fait
nous	allons	faisons
vous	allez	faites
ils/elles	vont	font

	prendre (to take)	dormir (to sleep)	sortir (to go out)
je	prends	dors	sors
tu	prends	dors	sors
il/elle/on	prend	dort	sort
nous	prenons	dormons	sortons
vous	prenez	dormez	sortez
ils/elles	prennent	dorment	sortent

	boire (to drink)	écrire (to write)	lire (to read)
je/j'	bois	écris	lis
tu	bois	écris	lis
il/elle/on	boit	écrit	lit
nous	buvons	écrivons	lisons
vous	buvez	écrivez	lisez
ils/elles	boivent	écrivent	lisent

	mettre (to put, put on)	venir (to come)	voir (to see)
je	mets	viens	vois
tu	mets	viens	vois
il/elle/on	met	vient	voit
nous	mettons	venons	voyons
vous	mettez	venez	voyez
ils/elles	mettent	viennent	voient

	devoir (to have to)	pouvoir (to be able to)	vouloir (to want)
je	dois	peux	veux
tu	dois	peux	veux
il/elle/on	doit	peut	veut
nous	devons	pouvons	voulons
vous	devez	pouvez	voulez
ils/elles	doivent	peuvent	veulent

D Écris les phrases avec la bonne forme des verbes.

– Allô, Laure? Ici Julie. Tu [sortir] ce soir?

– Oui, avec Céline et Marie. On [aller] à la boum de Katie. Tu [venir] avec nous? On [prendre] le métro à huit heures.

– Non, je ne [pouvoir] pas. Ma mère [devoir] sortir et moi, je [faire] du baby-sitting!

– Ah, je [voir]! Pauvre Julie!

6.5 The perfect tense

A verb in the perfect tense (the *passé composé*) describes an action which happened in the past. There are several ways to translate the *passé composé* in English:

J'ai mangé une pomme.
I ate an apple.   or   **I have eaten** an apple.

For the perfect tense, you need two parts: the present tense of *avoir* or *être* + the past participle of the main verb. See 6.6, 6.7 and 6.8.

6.6 The past participle

To form the past participle take the infinitive of the verb and change the ending:

- infinitives ending -er: past participle ends -é
  manger → mangé   parler → parlé

- infinitives ending -ir: past participle ends -i
  choisir → choisi   sortir → sorti

- infinitives ending -re: past participle ends -u
  descendre → descendu

There are exceptions to this rule and you will need to learn them by heart:

avoir → *eu*	être → *été*	faire → *fait*
venir → *venu*	lire → *lu*	
écrire → *écrit*	mettre → *mis*	prendre → *pris*
voir → *vu*	boire → *bu*	
pouvoir → *pu*	vouloir → *voulu*	devoir → *dû*

E Écris les phrases avec la bonne terminaison du participe passé.

À Noël, on a [faire] une grande fête: on a [mettre] de beaux vêtements et on a [boire] du champagne! Mon frère et moi, on a [avoir] beaucoup de cadeaux. Mes parents ont [prendre] des photos. Moi, j'ai [écrire] un poème pour ma mère. Quand elle a [lire] mon poème, elle a [être] contente.

6.7 Avoir + past participle

Most verbs take *avoir*:

présent	passé composé		
		avoir	+ *past participle*
je chante	j'	ai	chanté
tu chantes	tu	as	chanté
il chante	il	a	chanté
elle chante	elle	a	chanté
on chante	on	a	chanté
nous chantons	nous	avons	chanté
vous chantez	vous	avez	chanté
ils chantent	ils	ont	chanté
elles chantent	elles	ont	chanté

F Quelles phrases sont au passé?

1 Je mange des pommes au petit déjeuner.
2 J'ai bu du thé et mangé des gâteaux.
3 Je fais la vaisselle après le repas.
4 Moi, j'ai mis le couvert.
5 J'ai fini mon livre.

6.8 Être + past participle

Some verbs make their *passé composé* with *être* instead of *avoir*. They are mostly verbs that indicate movement. You will need to learn them by heart.

Try learning them in pairs:
arriver / partir	to arrive / to leave
entrer / sortir	to go in / to go out
rentrer / retourner	to go home / to go back to
aller / venir	to go / to come
monter / descendre	to go up / to go down
tomber / rester	to fall / to stay

- The ending of the past participle changes when it comes after *être* in the *passé composé*. It agrees with the subject of the verb (masculine/feminine, singular/plural).

Je suis all**é** en France.
(Il est all**é** en France.)

Je suis all**ée** en France.
(Elle est all**ée** en France.)

Vous êtes all**és** en France?
Oui, nous sommes all**és** en France.
On est all**és** en France.
(Ils sont all**és** en France.)

Vous êtes all**ées** en France?
Oui, nous sommes all**ées** en France.
On est all**ées** en France.
(Elles sont all**ées** en France.)

G Recopie. Accorde le participe passé.

a Ma mère est parti...... habiter à Paris.
b Nathalie et Karima sont resté...... à Dieppe.
c Mon frère est allé...... à l'université.
d Martin est tombé...... de son vélo.
e Karima et Antoine sont allé...... au cinéma.
f Les garçons sont rentré...... à dix heures.

H *Avoir* ou *être*? Choisis pour chaque
 verbe.

a Mes parents ...... organisé une fête.
b Ils ...... invité le cousin Alain. Et il ...... venu!
c Il ...... préparé le repas, et il ...... fait la vaisselle.
d Le soir, on ...... sortis: on ...... allés au cinéma.
e Il ...... tout payé! Et il ...... resté un mois!

6.9 C'était ...

To say how things were in the past, use *c'était* +
adjective.

C'était génial! It was great!
C'était nul! It was terrible!

6.10 Reflexive verbs

Reflexive verbs need a pronoun between the subject
and the verb.

Subject pronoun verb
Je **me** *lève* (I get myself up) I get up.
Je **m'** *habille* (I dress myself) I get dressed.

Other reflexive verbs: *se laver, se brosser les dents,
s'amuser, s'ennuyer, se coucher, se reposer.*

• The pronoun changes according to the subject it
 goes with:

je + **me/m'**
tu + **te/t'**
il/elle/on + **se/s'**

(See also 7.3)

I Recopie et complète le poème.

À quelle heure tu ...... réveilles?
Quand le soleil ...... lève!
Il ...... lave, le soleil?
Seulement avec la pluie!
La pluie ......'habille comment?
En gris, en général.
Tu ......'ennuies, toi, la nuit?
Non, je ......'amuse avec la Lune.
Elle ...... couche où, la Lune?
Sous le coin d'une étoile.

6.11 The imperative

The imperative is the form of the verb you use when
you want to give someone an order, an instruction or
advice.

When giving an instruction/order to

– someone you say *tu* to:
 use the *tu* form of the verb without *tu* (and no
 final *-s* for *-er* verbs)

– someone you say *vous* to:
 use the *vous* form of the verb without *vous*

tu		*vous*
Parle	Speak	*Parlez*
Écoute	Listen	*Écoutez*
Prends le livre	Take the book	*Prenez le livre*
Fais une liste	Make a list	*Faites une liste*

6.12 Verb + infinitive

Sometimes there are two verbs next to each other in
a sentence. In French, the form of the first verb
depends on the subject, and the second verb is in
the infinitive.

J'aime aller *au cinéma.*
I like going to the cinema.

Tu dois faire *tes devoirs.*
You must do your homework.

On peut lire *ce livre.*
We can read this book.

Il va manger *une pomme.*
He's going to eat an apple.

• *Aller* + infinitive
 Use the present tense of the verb *aller* followed by
 an infinitive to talk about something that is going
 to happen in the near future:
 Je vais regarder *le film ce soir.*
 I'm going to watch the film tonight.

• Other uses of the infinitive
 – *Pour* + infinitive
  When *pour* (meaning *in order to*) is followed by
  a verb, that verb is always in the infinitive:

  *Je vais en France pour **apprendre** le français.*
  I go to France **to learn** French.

– *Il faut* + infinitive
The verb which comes after *il faut* (meaning *you have to*) is always in the infinitive:

*Il faut **utiliser** un ordinateur.*
You have to use a computer.

(See also 7.5)

J Recopie et complète avec le bon verbe à l'infinitif.

a Pour ...... connecté à Internet, il faut ...... un ordinateur et un modem.
b Il faut beaucoup ...... pour bien ...... le français!
c Pour ...... de l'argent, il faut ...... du baby-sitting.

avoir faire travailler être parler gagner

7 Negatives *la négation*

The negative form is used where we would say *not*. In French, you need two words: *ne* and *pas*, which go on either side of the verb.

NB: *ne* ➜ *n'* in front of a vowel or an *h*.

*Je **ne** suis **pas** français.*
I'm not French.

*Je **n'**habite **pas** à Lyon.*
I don't live in Lyons.

*On **ne** regarde **pas** la télévision.*
We don't watch TV.

7.1 *ne … plus, ne … jamais, ne … rien*

There are other negatives which also go on either side of the verb.

ne/n' … plus   no longer/no more
ne/n' … jamais   never
ne/n' … rien   nothing/not anything

*Je **n'**habite **plus** à Londres.*
I no longer live in London.

*Il **ne** parle **jamais** en français.*
He never speaks in French.

*Elle **ne** mange **rien**.*
She doesn't eat anything.

K Recopie et complète avec *plus/jamais* ou *rien*.

a – Elle habite à Paris?
– Non, elle est partie. Elle n'habite ...... à Paris.
b – Tu viens au ciné?
– Non.
– Oh là là, tu ne veux ...... sortir!
c – Il ne parle ...... français, il a tout oublié!
d – Tu as faim? Désolé, il n'y a ...... dans le frigo!

7.2 *ne … pas/plus/jamais + de/d' + noun*

• when you use *ne … pas/plus/jamais* with a noun, replace *un/une/des* with *de* (*d'* in front of a vowel or an *h*):

*Il n'y a **pas de** pizza/gâteau/chips.*
There isn't any pizza/cake/there aren't any crisps.

*Il n'y a **plus de** bonbons.*
There aren't any more sweets.

*Je n'ai **jamais d'**argent.*
I never have any money.

7.3 Negative + reflexive verbs

To use reflexive verbs in the negative, put *ne* before the pronoun and *pas/plus/jamais* after the verb:

Je m'amuse. Et toi?
I'm having fun. How about you?

*Moi, je **ne** m'amuse **pas**.*
I'm not having fun.

7.4 Negative + the perfect tense

In the perfect tense, *ne* or *n'* goes before the auxiliary (*avoir* or *être*) and *pas/plus/jamais/rien* before the past participle:

*Je **n'**ai **pas** fait la vaisselle.*
I haven't washed up.

*On **n'**a **rien** mangé.*
We haven't eaten anything.

7.5 Negative + verb + infinitive

ne/n' goes before the first verb and *pas* before the second verb (in the infinitive).

Je n'aime pas aller au cinéma.
I don't like going to the cinema.

On ne peut pas lire ce livre.
We can't read this book.

L Les jumeaux ne sont jamais d'accord!
Recopie et complète.

a Je m'amuse avec toi.
Moi, je ne ...... avec toi. [pas]

b J'aime lire ce magazine.
Moi, je n'...... lire ce magazine. [pas]

c Je veux encore manger du gâteau.
Moi, je ne ...... de gâteau. [plus]

d J'ai tout lu.
Moi, je n'...... lu. [rien]

e J'ai aimé le film.
Moi, je n'...... le film. [pas]

---

8 *qui*

qui means *who*, *which* or *that*.
It is used to link two parts of a sentence, to avoid repetition.
qui can stand for a singular or plural noun, and the verb that follows agrees with that noun:

*J'ai un frère **qui** travaille dans un bureau.*
I've got a brother **who** works in an office.

*Elle a apporté les cassettes **qui** sont sur la table.*
She brought the cassettes **that** are on the table.

M Recopie et complète les phrases.

1	J'ai un copain	a	qui est fatigant.
2	Marc a un petit boulot	b	qui adore l'informatique.
3	Elle aime les vêtements	c	qui sont sur la table.
4	Prends les cassettes	d	qui sont à la mode.
5	Ce sont mes copains	e	qui arrivent.

---

9 Asking questions

- You can ask questions by making your voice go up at the end:

Tu vas au cinéma.   *Tu vas au cinéma?*
You go to the cinema.   Are you going to the cinema?

- You can start with *est-ce que* ... to show it's a question:

Est-ce que tu vas au cinéma?	Are you going to the cinéma?
Est-ce qu'il y a un bon film?	Is there a good film on?

- You can use question words:

– combien

Ça fait combien?	How much is it?
Tu es resté combien de temps?	How long did you stay?

– comment

C'était comment?	What was it like?
Tu as voyagé comment?	How did you travel?
Elle est comment?	What does she look like?

– où

Tu es allé où?	Where did you go?

– pourquoi

Tu n'es pas venu. Pourquoi?	You didn't come. Why?

– qu'est-ce que

Qu'est-ce que tu as fait?	What did you do?

– quand

Tu es parti quand?	When did you leave?

– quel/quelle

Tu as quel âge?	How old are you?
Il est quelle heure?	What time is it?

– qui

C'est qui?	Who is it?
Qui est parti au Canada?	Who went to Canada?

N Relie les questions aux réponses.

1 Tu es parti. Pourquoi?
2 Tu es parti où?
3 Tu es parti quand?
4 Tu es parti comment?
5 Tu es parti avec qui?
6 Tu es parti combien de temps?
7 Qu'est-ce que tu as mangé?
8 C'était comment?

a Un an.
b En avion.
c Délicieux!
d Le 1er janvier.
e Du serpent et du crocodile!
f Avec un copain.
g Sur une île du Pacifique.
h Pour explorer le monde!

Answers to grammar activities

A **a** vieille; **b** belles; **c** bonnes; **d** gros; **e** nouvel; **f** beaux.

B **a** J'ai vu deux documentaires *intéressants*.
  b Tu as ta robe *verte*?
  c Elles ont une *petite* voiture.
  d Il sort avec une copine *anglaise*.
  e J'ai fait un *gros* gâteau.
  f Il y a un *bon* documentaire?
  g C'est une question *intelligente*.
  h Au cinéma, il y a un *vieux* film.

C Je vais acheter cette robe, ces tennis/baskets, ce pull, cet ordinateur, ces livres, cette guitare, ce vélo.

D – Allô, Laure? Ici Julie. Tu *sors* ce soir?
  – Oui, avec Céline et Marie. On *va* à la boum de Katie. Tu *viens* avec nous? On *prend* le métro à huit heures.
  – Non, je ne *peux* pas. Ma mère *doit* sortir et moi, je *fais* du baby-sitting!
  – Ah, je *vois*! Pauvre Julie!

E À Noël, on a *fait* une grande fête: on a *mis* de beaux vêtements et on a *bu* du champagne! Mon frère et moi, on a *eu* beaucoup de cadeaux. Mes parents ont *pris* des photos. Moi, j'ai *écrit* un poème pour ma mère. Quand elle a *lu* mon poème, elle a *été* contente.

F phrases au passé: 2, 4, 5, 6

G **a** partie; **b** restées; **c** allé; **d** tombé; **e** allés; **f** rentrés.

H **a** Mes parents *ont* organisé une fête.
  b Ils *ont* invité le cousin Alain. Et il *est* venu!
  c Il a préparé le repas et il *a* fait la vaisselle.
  d Le soir, on *est* allés au cinéma et il *a* tout payé!
  e Et il *est* resté un mois chez moi!

I À quelle heure tu *te* réveilles?
  Quand le soleil *se* lève!
  Il *se* lave, le soleil?
  Seulement avec la pluie!
  La pluie *s'*habille comment?
  En gris, en général.
  Tu *t'*ennuies, toi, la nuit?
  Non, je *m'*amuse avec la Lune.
  Elle *se* couche où, la Lune?
  Sous le coin d'une étoile.

J **a** Pour *être* connecté à Internet, il faut *avoir* un ordinateur et un modem.
  b Il faut beaucoup *travailler* pour bien *parler* le français!
  c Pour *gagner* de l'argent, il faut *faire* du baby-sitting.

K **a** plus; **b** jamais; **c** plus; **d** rien.

L **a** Moi, je ne *m'amuse pas* avec toi.
  b Moi, je n'*aime pas* lire ce magazine.
  c Moi, je ne *mange plus* de gâteau.
  d Moi, je n'*ai rien* lu.
  e Moi, je n'*ai pas aimé* le film.

M 1c, 2a, 3e, 4b, 5d, 6f

N 1h, 2g, 3d, 4b, 5f, 6a, 7e, 8c

Expressions utiles

Days *les jours de la semaine*

Monday   *lundi*
Tuesday   *mardi*
Wednesday   *mercredi*
Thursday   *jeudi*
Friday   *vendredi*
Saturday   *samedi*
Sunday   *dimanche*

Note: French days don't start with a capital letter.

- on Monday – *lundi*
  On Monday I went to Paris.
  Lundi, je suis allé(e) à Paris.

- every Monday/on Mondays – *le lundi*
  On Mondays I play basketball.
  Le lundi, je joue au basket.

Dates *les dates*

Use *le* before the number in dates:
Patrick was born on 9th January.
*Patrick est né **le** neuf janvier.*

Months *les mois*

January   *janvier*
February   *février*
March   *mars*
April   *avril*
May   *mai*
June   *juin*
July   *juillet*
August   *août*
September   *septembre*
October   *octobre*
November   *novembre*
December   *décembre*

Note: French months don't start with a capital letter.

- in + month – *en*
  We left in April.
  On est partis en avril.

  Her birthday is in July.
  Son anniversaire est en juillet.

The time *l'heure*

What time is it?   *Il est quelle heure?*
It is one o'clock.   *Il est une heure.*
What time is it at?   *C'est à quelle heure?*
It is at one o'clock. *C'est à une heure.*

- on the hour
  It's one/two/three o'clock.   *Il est une heure/deux heures/trois heures.*

  It's midday.   *Il est midi.*
  It's midnight. *Il est minuit.*

- quarters and half hours
  It's **half past** four.   *Il est quatre heures **et demie**.*

  It's **quarter past** six. *Il est six heures **et quart**.*

  It's **quarter to** eight. *Il est huit heures **moins le quart**.*

- minutes past/to
  It's **ten past** one.   *Il est une heure **dix**.*
  It's **five to** eleven.   *Il est onze heures **moins cinq**.*

- 24-hour clock
  It's 7pm (19.00).   *Il est dix-neuf heures.*
  It's 1.15pm (13.15).   *Il est treize heures quinze.*

  It's 10.30pm (22.30).   *Il est vingt-deux heures trente.*

  It's 3.45pm (15.45).   *Il est quinze heures quarante-cinq.*

Numbers

0	zéro	18	dix-huit	73	soixante-treize
1	un	19	dix-neuf	74	soixante-quatorze
2	deux	20	vingt	75	soixante-quinze
3	trois	21	vingt et un	76	soixante-seize
4	quatre	22	vingt-deux	77	soixante-dix-sept
5	cinq	23	vingt-trois	78	soixante-dix-huit
6	six	24	vingt-quatre	79	soixante-dix-neuf
7	sept	25	vingt-cinq	80	quatre-vingts
8	huit	26	vingt-six	81	quatre-vingt-un
9	neuf	27	vingt-sept	82	quatre-vingt-deux, …
10	dix	28	vingt-huit	90	quatre-vingt-dix
11	onze	29	vingt-neuf	91	quatre-vingt-onze, …
12	douze	30	trente	100	cent
13	treize	40	quarante	101	cent un
14	quatorze	50	cinquante	102	cent deux, …
15	quinze	60	soixante	200	deux cents
16	seize	70	soixante-dix	1000	mille
17	dix-sept	71	soixante et onze		
		72	soixante-douze		

Ordinal numbers

1st	1er premier *or* 1re première
2nd	2e deuxième
3rd	3e troisième
4th	4e quatrième
5th	5e cinquième
6th	6e sixième
7th	7e septième
8th	8e huitième
9th	9e neuvième
10th	10e dixième

It's his second exam.
C'est son deuxième examen.

I live on the fifth floor.
J'habite au cinquième étage.

Countries   *les pays*

Australia	*l'Australie*
Belgium	*la Belgique*
Canada	*le Canada*
England	*l'Angleterre*
France	*la France*
Germany	*l'Allemagne*
Great Britain	*la Grande-Bretagne*
Ireland	*l'Irlande*
Italy	*l'Italie*
Japan	*le Japon*
Scotland	*l'Écosse*
Switzerland	*la Suisse*
Tunisia	*la Tunisie*
the United States	*les États-Unis*
Wales	*le pays de Galles*
the West Indies	*les Antilles*

Vocabulaire

A

il/elle/on **a** he/she/one has
à at, in, to
une **abeille** a bee
d' **abord** first
un **accessoire** an accessory
accompagné accompanied
d' **accord** OK
s' **accorder** to agree
un **accro** a fan
un **accueil** a welcome
acheter to buy
un **acteur** an actor
actif/active active
une **actrice** an actress
adapter to adapt
additionner to add
un **adolescent** a teenager
une **adresse** an address
adorer to love
une **affiche** a poster
afficher to stick up
l' **âge** age
agréable pleasant
j' **ai** I have
l' **Aïd-el-Fitr** Eid (festival)
aider to help
aïe! ouch!
ailleurs elsewhere
aimer to like, to love
ajouter to add
je suis **allé(e)** I went
l' **Allemagne** Germany
aller to go
un **aller simple** a single (ticket)
un **aller-retour** a return (ticket)
allô hello (over the phone)
alors so, then
américain/américaine American
un/une **ami/amie** a friend
l' **amitié** friendship
amitiés best wishes (in a letter)
amoureux/amoureuse in love
amusant/amusante funny, amusing
s' **amuser** to enjoy oneself

un **an** a year
j'ai quartorze ans I am fourteen
anglais/anglaise English
l' **Angleterre** England
une **année** a year
un **anniversaire** a birthday
Joyeux anniversaire! Happy birthday!
une **annonce** an advert
un **annuaire** a telephone directory
les **Antilles** the West Indies
août August
un **appartement** a flat
s' **appeler** to be called
apporter to bring
apprendre to learn
apprenez learn
appuyer to press
après after
l' **après-midi** the afternoon
l' **argent** money
l' **argent de poche** pocket money
une **armoire** a wardrobe
une **arrivée** an arrival
arrêter to stop
tu **as** you have
l' **Asie** Asia
assez rather, enough
atroce horrible
attacher to fasten
attendre to wait
au at, in, to
augmenter to increase
aujourd'hui today
aussi also, too
l' **Australie** Australia
l' **automne** autumn
autour around
autre other
aux at, to, in
ils/elles **avaient** they had
j'/tu **avais** I/you had
il y **avait** there was
avant before
avec with
vous **avez** you have
un **avion** a plane
un **avis** an opinion
avoir to have
nous **avons** we have
avril April

B

les **bagages** luggage
une **baguette** a French loaf
un **bal** a dance
un **balcon** a balcony
une **bande desinée** a comic strip
une **barque** a small boat
des **baskets** trainers
un **bateau** a boat
une **BD** a comic strip
beau/belle beautiful
beaucoup a lot
un **bébé** a baby
belge Belgian
la **Belgique** Belgium
belle beautiful
un **berger** a sheepdog
un **besoin** a need
beurk! yuk!
le **beurre** butter
une **bibliothèque** a library
bien well, good
bientôt soon
bienvenue welcome
un **bijou** a jewel
bilingue bilingual
un **billet** a ticket
une **bise** a kiss
blanc/blanche white
bleu/bleue blue
un **blouson** a bomber jacket
bof! so so, dunno!
boire to drink
le **bois** wood
une **boisson** a drink
bon/bonne good
bon appétit enjoy your meal
un **bonbon** a sweet
bonjour hello, good morning
une **botte** a boot
un **bouchon** a traffic jam
une **bougie** a candle
un **boulot** a job
une **boum** a party
un **bout** a bit, an end
une **bouteille** a bottle
un **bouton** a button
un **bras** an arm
une **brasserie** a bar
la **Bretagne** Brittany

brillant/brillante shiny
briller to shine
britannique British
une **brosse** a brush
se **brosser les dents** to brush your teeth
au **brouillon** in rough
brun/brune dark-haired
Bruxelles Brussels
j'ai **bu** I drank/I have drunk
une **bulle** a bubble
un **bureau** an office
vous **buvez** you drink
nous **buvons** we drink

C

ça it, that
une **cabine téléphonique** a phone box
cacher to hide
un **cadeau** a present
un **caleçon** a pair of leggings
un **calendrier** a calendar
un/une **camarade** a (school)friend
camper to camp
la **campagne** the countryside
un **camping** a campsite
un **car** a coach
le **caractère** character, personality
un **carnaval** a carnival
un **carnet** a notebook
une **carte** a card
une **case** a square (on game board)
une **casquette** a cap
un **casse-croûte** a snack
un **cauchemar** a nightmare
ce/cela/c' it, that
ce/cet/cette/ces this, these
cent a hundred
c'était it was
chacun each one, everyone
une **chaîne** a channel
une **chaise** a chair
une **chambre** a bedroom
un **championnat** a championship

une **chanson** a song
chanter to sing
un **chapeau de paille** a straw hat
chaque each
un **chat** a cat
un **château** a castle
un **château de sable** a sandcastle
chaud/chaude hot
une **chaussette** a sock
une **chaussure** a shoe
une **chemise** a shirt
cher/chère dear, expensive
chercher to look for
les **cheveux** hair
chez (Martin) at (Martin's)
un **chien** a dog
un **chiffre** a number
la **Chine** China
chinois/chinoise Chinese
des **chips** crisps
choisir to choose
choisissez choose
un **choix** a choice
une **chose** a thing
chouette! great!
chut! shhh!
le **cidre** cider
le **ciel** sky
un **cimetière** a graveyard
cinq five
cinquante fifty
cinquième fifth
un **clavier** a keyboard
cliquer to click
cocher to tick
un **cochon** a pig
un **coin** a corner
un **coléoptère** a beetle
coller to stick
un **collège** a high school
une **colonne** a column
combien how much, how many
un **combiné** a telephone receiver
comme like
commencer to start
comment how
un **commentaire** a commentary

un **commissariat** a police station
commode convenient, handy
commun common
communiquer to communicate
une **complainte** a lament
complet/complète full
composer to dial (a number)
comprendre to understand
compter to count
se **concentrer** to concentrate
un **concours** a competition
le **conditionnement** packaging
la **confiture** jam
connaître to know
un **conseil** a piece of advice
contenir to contain
content/contente happy
contre against
contre-attaquer to strike back
un **contrôle** a test
un **copain** a friend
une **copine** a (female) friend
correctement correctly
un/une **correspondant/correspondante** a penpal
corriger to correct
la **Corse** Corsica
un **costume** a costume, suit
à **côté de** next to
se **coucher** to go to bed
une **couleur** a colour
un **couloir** a passage
un **coup** a blow
couper to cut
un **couplet** a verse
courageux/courageuse brave
une **couronne** a crown
le **courrier électronique** e-mail
un **cours** a lesson
les **courses** the shopping
court/courte short
un/une **cousin/cousine** a cousin
coûter to cost
un **crabe** a crab

craquant crunchy
une **cravate** a tie
créer to create
la **crème** cream
une **crêpe** a pancake
crier to shout
la **cuisine** the kitchen, cooking

D

d'abord first
d'accord OK
dans in
la **danse** dance
danser to dance
une **datte** a date (fruit)
un **dauphin** a dolphin
de from, of
un **dé** a dice
débile stupid
décembre December
décontracté relaxed, casual
découvrir to discover
décrire to describe
décrocher to pick up (the phone)
défaire to unpack
un **défilé** a fashion show, a parade
déjà already
le **déjeuner** lunch
déjeuner to have lunch
délavé faded
délicieux/délicieuse delicious
demain tomorrow
demander to ask
demi/demie half
une **dent** a tooth
le **départ** departure
un **département** a district
dépenser to spend
déplier to unfold
dernier/dernière last
derrière behind
descendre to go down
désolé/désolée sorry
le **désordre** the mess
un **dessert** a pudding, sweet
un **dessin** a drawing
un **dessin animé** a cartoon
dessiner to draw

dessous underneath
détaillé/détaillée detailed
détends relax
détester to hate
deux two
deuxième second
devant in front of
devenu become
vous **devez** you must
deviner to guess
devoir to have to, must
les **devoirs** homework
nous **devons** we must
dieppois/dieppoise from Dieppe
un **dictionnaire** a dictionary
difficile difficult
dimanche Sunday
une **dinde** a turkey
le **dîner** dinner
dîner to dine
dire to say
un **directeur** a headmaster
discuter to discuss
ils **disent** they say
disparu disappeared
se **disputer** to quarrel
une **disquette** a floppy disk
divisé/divisée divided
dix ten
dixième tenth
un **documentaire** a documentary
je **dois** I must
il/elle/on **doit** he/she/one must
ils/elles **doivent** they must
donner to give
dormir to sleep
je/tu **dors** you sleep
il/elle/on **dort** he/she/one sleeps
doucement softly
une **douche** a shower
un **drapeau** a flag
droite right
à **droite** on the right
drôle funny
du of, from
dur/dure hard
la **durée** the duration

E

un **échange** an exchange

une **école** a school
écossais/écossaise Scottish
l' **Écosse** Scotland
écouter to listen
écrire to write
un/une **élève** a pupil
éliminer to delete, cross out
elle she, her
elles they
une **émission** a TV programme
en in
encore again, more
un **enfant** a child
enregistrer to record
enseigner to teach
ensemble together
ensuite afterwards, then
entendre to hear
s' **entraîner** to practise
s' **ennuyer** to be bored
entre between
entrer to go in, come in
j'ai **envie de** I feel like
environ about
envoie send
envoyer to send
une **équipe** a team, a crew
une **erreur** an error
tu **es** you are
l' **Espagne** Spain
essayer to try
il/elle/on **est** he/she/one is
et and
un **étage** a storey
c' **était** it was
les **États-Unis** the United States
l' **été** summer
vous **êtes** you are
une **étiquette** a label
une **étoile** a star
une **langue étrangère** a foreign language
être to be
étudier to study
j'ai **eu** I had
euh erm (used for hesitation)
un **euro** a euro (unit of currency)
eux them

chez eux at their house
un **événement** an event
exactement exactly
s' **excuser** to apologise
une **explication** an explanation
expliquer to explain
explorer to explore
une **expression-clé** a key expression
exquis/exquise exquisite
un **extrait** an extract

F

en **face de** opposite
facile easy
j'ai **faim** I'm hungry
faire to make, to do
je/tu **fais** I/you make, do
nous **faisons** we make, do
il/elle/on **fait** he/she/one makes, does
j'ai **fait** I made, did
vous **faites** you make, do
une **famille** a family
un **fantôme** a ghost
fatigant/fatigante tiring
fatigué/fatiguée tired
fausse false
il **faut** you have to, you ought to, you need
une **faute** a mistake
faux/fausse false
faxé faxed
une **ferme** a farm
fermé/fermée shut, closed
une **fête** a party, a festival
un **feu** a fire
un **feu d'artifice** a fireworks display
une **feuille** a sheet of paper
un **feuilleton** a serial
une **fève** a charm
février February
une **fiche** a form
une **fille** a girl, a daughter
la **fin** the end
financier/financière financial
j'ai **fini** I've finished
finir to finish
les **fléchettes** darts

une **fleur** a flower
ma **foi!** goodness!
le **foie** liver
une **fois** a time, once
folklorique folk
ils/elles **font** they make, do
le **foot** football
la **forme** fitness
en forme fit
une **formule** a phrase
fort/forte strong
fou/folle mad
un **foulard** a scarf
frais/fraîche fresh
une **fraise** a strawberry
le **français** French
français/française French
francophone French-speaking
un **frère** a brother
un **frigo** a fridge
frisé/frisée curly
des **frites** chips
froid/froide cold
le **fromage** cheese
le **fruit** fruit
furieux/furieuse furious

G

gagner to earn, to win
la **galette des Rois** special cake eaten on 6th January
le **pays de Galles** Wales
gallois/galloise Welsh
un **garçon** a boy
garder to look after
une **gare** a station
ces **gars-là** those lads over there
un **gâteau** a cake
gauche left
à gauche on the left
une **gaufre** a waffle
en **général** in general
Genève Geneva
génial/géniale great, fantastic
le **genre** type, sort
des **gens** people
gentil/gentille nice
une **glace** an ice-cream

glacé/glacée iced
glissant/glissante slippery
glisser to slide
un **glossaire** a glossary
gourmand/gourmande greedy
un **goût** a taste
goûter to taste
grand/grande big, tall
la **Grande-Bretagne** Great Britain
une **grand-mère** a grandmother
un **grand-père** a grandfather
gras/grasse fatty
une **grille** a chart
gris/grise grey
gros/grosse plump, big
la **guerre** war
guidé/guidée guided

H

habillé/habillée smart, dressed-up
s' **habiller** to get dressed
habiter to live
haut/haute high, tall
hein eh
un **hérisson** a hedgehog
hésiter to hesitate
une **heure** an hour
à trois heures at three o'clock
heureux/heureuse happy
hier yesterday
un **homme** a man
un **hôpital** a hospital
un **horaire** a timetable
un **hôte** a host
une **hôtesse** a hostess
huit eight
huitième eighth
une **huître** an oyster

I

ici here
une **idée** an idea
idiot/idiote idiotic, stupid
il he
une **île** an island

illustré/illustrée illustrated

illustrer to illustrate

ils they

une **image** a picture

imaginer to imagine

imiter to imitate, copy

imprimer to print

inclus included

l' **Inde** India

indien/indienne Indian

indiquer to show, to point

les **informations** information, the news

les **infos** the news

s' **inquiéter** to be worried

un **instant** a moment

intéressant/intéressante interesting

s' **intéresser à** to be interested in

interroger to question

interviewer to interview

intime private

introduire to introduce

inventer to invent

un/une **invité/invitée** a guest, a visitor

inviter to invite

irlandais/irlandaise Irish

irrégulier/irregulière irregular

l' **Italie** Italy

J

j' I

j'ai I have

jamais never

le **jambon** ham

janvier January

un **jardin** a garden

jaune yellow

je I

un **jean** a pair of jeans

jeter to throw

un **jeu de l'oie** a French board game

des **jeux** games

jeudi Thursday

jeune young

un/une **jeune** a young person

la **jeunesse** youth

joli/jolie pretty

jouer to play

un **jouet** a toy

un **jour** a day

un **jour férié** a holiday

un **journal** a diary

une **journée** a day

joyeux/joyeuse happy

juillet July

juin June

un **jumeau** a twin

une **jupe** a skirt

un **jus** a juice

jusqu'à until

L

l' the

la the

là there

là-bas over there

un **laboratoire** a laboratory

un **lac** a lake

laisser to leave

le **lait** milk

lancer to throw

une **langue** a language

laquelle which

largement répandues very widespread

le **lavage** washing

laver to wash

le the

un **lecteur de disquettes** a floppy disk drive

la **lecture** reading

un **légume** a vegetable

les **the**

une **lettre** a letter

leur their

leurs their

lever to lift, raise

une **liaison** a link

libre free

un **lieu** a place

une **ligne** a line

lire to read

un **lit** a bed

un **livre** a book

une **livre** a pound (unit of currency)

un **loisir** a leisure activity

Londres London

long/longue long

j'ai **lu** I have read, I read

lui him

la **lumière** light

lundi Monday

la **lune** the moon

des **lunettes** glasses

M

ma my

madame Mrs, madam

mademoiselle Miss

un **magasin** a shop

un **magnétophone** a tape recorder

mai May

une **main** a hand

maintenant now

mais but

une **maison** a house

mal badly

maman Mum

mamie Granny

la **Manche** the English Channel

manger to eat

un **mannequin** a model

manquer to miss

une **marchande de foie** a liver-seller

un **marché** a market

marcher to walk

mardi Tuesday

un **mariage** a wedding

marié/mariée married

le **Maroc** Morocco

une **marque** a brand-name

marrant/marrante funny

marron brown

mars March

un **martien** a Martian

un **masque** a mask

le **matin** morning

mauvais/mauvaise bad

meilleur/meilleure best

un **membre** a member

même same, even

la **mémoire** memory

ménager/ménagère household

les **travaux ménagers** housework

la **mer** the sea

merci thank you

mercredi Wednesday

une **mère** a mother

mes my

la **messe** Mass

la **météo** the weather forecast

le **métro** the underground

mettre to put, to put on

mettre le couvert to lay the table

un **meuble** a piece of furniture

midi midday, lunchtime

mieux better

au **milieu de** in the middle of

mille a thousand

mince thin, slim

le **Minitel** public information system (see p107)

minuit midnight

j'ai **mis** I have put, I put

une **mobylette** a moped

moche ugly, rotten

la **mode** fashion

à la mode fashionable

un **modèle** a model

moi me

moins less

un **mois** a month

mon my

le **monde** the world

mondial/mondiale global

la **monnaie** change

Monsieur Mr, sir

une **montagne** a mountain

monter to go up, climb

monter à cheval to go horse-riding

montrer to show

mort/morte dead

un **mot** a word

un **mot-clé** a key word

une **mouche** a fly

un **mouvement** a movement

le **Moyen Âge** the Middle Ages

un **mur** a wall

un **musée** a museum

la **musique** music

musulman/musulmane Muslim

N

nager to swim

la **naissance** birth
la **natation** swimming
ne … pas not
né/née born
nettoyer to clean
neuf nine
neuvième ninth
Noël Christmas
noir/noire black
une **noix** a walnut
un **nom** a surname
un **nombre** a number
nommer to name
non no
le **nord** north
normalement normally
nos our
noter to note
notre our
nous we
nouveau/nouvelle new
la **Nouvelle-Zélande**
New Zealand
novembre November
une **nuit** a night
c'est **nul** it's rubbish
un **numéro** a number
numéroter to number

O

une **occasion** an opportunity,
an occasion
s' **occuper** to be busy
octobre October
un **œil** an eye
un **œuf** an egg
s' **offrir** to buy oneself
on we, people, one
un **oncle** an uncle
ils/elles **ont** they have
onze eleven
ils/elles **opteront** they will opt
l' **or** gold
un **ordinateur** a computer
un **ordre** an order
ou or
où where
oublier to forget
oui yes

P

je **paie** I pay

le **pain** bread
une **paire** a pair
un **palais** a palace
un **panier** a basket
un **pantalon** a pair of
trousers
papa Dad
le **papier** paper
papy Grandad
Pâques Easter
par by
parce qu'/que because
pardon sorry
parfait/parfaite perfect
le **parfum** perfume
parler to talk
parmi among
je **pars** I'm leaving
partager to share
un/une **partenaire** a partner
participer to take part
partir to leave
partout everywhere
pas not
pas de problème no
problem
le **passé** the past
le passé composé the
perfect tense
passer to spend (time)
un **passe-temps** a pastime,
a hobby
le **patinage** skating
une **patinoire** an ice rink
pauvre poor
payer to pay
un **pays** a country
pencher to lean
pendant during, for
pénible annoying, a pain
penser to think
la **Pentecôte** Whitsun
perdu lost
un **père** a father
permettre to allow
un **personnage** a character
le **personnel** the staff
petit/petite small
un **peu** a little, a bit
j'ai **peur** I'm scared
il/elle/on **peut** he/she/we can
peut-être perhaps
ils/elles **peuvent** they can
je/tu **peux** I/you can

je **peux … ?** can I … ?
une **phrase** a sentence
physiquement physically
une **pièce** a room, a coin
une pièce de théâtre
a play
un **pied** a foot
un **piéton** a pedestrian
un **pique-nique** a picnic
pique-niquer to have a
picnic
une **piscine** a swimming pool
une **piste** a track
une **place** a square
une **plage** a beach
un **plaisir** a pleasure
plaît: s'il te/vous plaît
please
ça te plaît? do you
like it?
la **planche à voile**
windsurfing
un **planning** a rota
un **plat** a dish, a course
plat/plate flat
en **plein air** outdoors, in the
open air
pleurer to cry
plier to fold
la **plongée** diving
la **pluie** the rain
sous la pluie in the
rain
le **pluriel** the plural
plus more, plus
plus tard later
plusieurs several
à **pois** spotted
le **poisson** fish
poli/polie polite
un **policier** a police officer
un film policier
a detective film
poliment politely
une **pomme** an apple
les **pompiers** the fire brigade
un **pont** a bridge
populaire popular
une **porte** a door
porter to wear
poser une question
to ask a question
la **poste** the post office
le **poulet** chicken

pour for
pourquoi why
vous **pouvez** you can
pouvoir to be able to
nous **pouvons** we can
pratique practical
pratiquer to practise
préféré/préférée
favourite
préférer to prefer
premier/première first
prendre to take
un **prénom** a first name
préparer to prepare
près near
au **présent** in the present
tense
se **présenter** to introduce
yourself
presque almost
pressé/pressée in a
hurry
prêt/prête ready
principal/principale main
le **printemps** Spring
un **prix** a price
un **problème** a problem
un/une **prof** a teacher
un **professeur** a teacher
progresser to make
progress
un **projet** a plan, a project
une **promenade** a walk
promener to take for a
walk
se **promener** to go for a
walk
un **pronom** a pronoun
la **prononciation**
pronunciation
propre: écrire un texte
au propre to write a
final copy of a text
j'ai **pu** I could
publicitaire advertising
une **publicité** an advert
puis then
un **pull** a pullover

Q

un **quai** a platform
quand when
quarante forty

un **quart** a quarter

deux heures et quart quarter past two

trois heures moins le quart quarter to three

quatorze fourteen

quatre four

quatrième fourth

que that, what, which, than

québécois/québécoise from Quebec

quel/quelle what

quelque chose something

quelques some, a few

quelqu'un someone

qui who

quinze fifteen

quitter to leave

ne quitte(z) pas hold on, don't go away

quoi what

quotidien/quotidienne daily

R

faire du **racket** to take money off people by force

un **racketteur** a bully who takes people's money

racketter to take money off people by force

raconter to tell

rafraîchissant/ rafraîchissante refreshing

raide straight

une **raison** a reason

il a **raison** he is right

raisonnable reasonable, fair

ranger to tidy

rapide quick

un **rappel** a reminder

rappeler to remind

se rappeler to remember

rarement rarely

rayé/rayée striped

réaliser to make, to realize

recevoir to receive

je/tu **reçois** I/you receive

recommencer to start again

recopier to copy out

réécouter to listen again

refaire to do again

un **refrain** a chorus

regarder to look at, to watch

une **règle** a rule

une règle d'or a golden rule

regretter to regret, to be sorry for

régulièrement regularly

régulier/régulière regular

une **reine** a queen

relier to match up

religieux/religieuse religious

relire to read again

relis/relisez read again

remettre to put back

ils sont **remontés** they got back on

une **remorque** a trailer

remplacer to replace

remplir to fill

un **rendez-vous** a meeting

les **renseignements** information

rentrer to go back (home)

un **repas** a meal

répéter to repeat

répondre to answer

un **répondeur automatique** an answerphone

une **réponse** an answer

un **reportage** a report

se reposer to rest

respecter to respect

respectueux/ respectueuse respectful

se ressembler to be alike, look the same

un **restau** a restaurant

rester to stay

un **résultat** a result

résumer to summarize

retirer to pull back

le **retour** the return

retourner to return

retravailler to go back to work

retrouver to find again, to meet

se **retrouver** to meet up

réunir to reunite

un **rêve** a dream

un **réveil** an alarm clock

se **réveiller** to wake up

un **réveillon** a party on Christmas or New Year's Eve

réveillonner to see Christmas or the New Year in

réviser to revise

au **revoir** goodbye

le **rez-de-chaussée** the ground floor

ne ... **rien** nothing

riche rich

rigolo funny

une **rime** a rhyme

tu **ris** you laugh

une **robe** a dress

un **roi** a king

rond/ronde round

rose pink

rouge red

une **roulotte** a horse-drawn caravan

roux/rousse ginger

une **route** a route, road

une **rue** a street

S

sa his, her

je/tu **sais** I/you know

une **saison** a season

une **salle** a hall

une **salle à manger** a dining room

une **salle de bains** a bathroom

un **salon** a living room

salut hi

samedi Saturday

le samedi on Saturdays

sans without

la **santé** health

savoir to know

un **scénario** a script

une **scène** a scene, a sketch

scolaire school

une **séance** a performance

seize sixteen

un **séjour** a stay, a living room

le **sel** salt

seller to saddle up

selon according to, depending on

une **semaine** a week

un **sens** a meaning

sept seven

septembre September

septième seventh

une **série** a series

un **serpent** a snake

serré/serrée tight

un **serveur** a waiter

une **serveuse** a waitress

ses his, her

seul/seule alone

seulement only

sévère strict

un **short** a pair of shorts

un **siècle** a century

au 18ème siècle in the 18th century

un **singe** a monkey

sixième sixth

en **soie** made of silk

le **soir** the evening

ce soir-là that evening

soixante sixty

le **soleil** the sun

au soleil in the sunshine

en **solitaire** solo

une **somme** a sum, an amount

un **sommet** a peak

un **sondage** a survey

sonner to ring

sophistiqué/sophistiquée sophisticated

je/tu **sors** I/you go out

la **sortie** the exit

sortir to go out

sortir le chien to take the dog out

souffrir to suffer

souligné/soulignée underlined

une **souris** a mouse
sous under
sous la pluie in the rain
souvent often
spécialement especially
une **spécialité** a speciality
spécifique specific
sportif/sportive sporty
un **stade** a stadium
le **stop** hitchhiking
un **stylo** a pen
un **succès** a success
le **sud** south
suggérer to suggest
je **suis** I am
la **Suisse** Switzerland
suivant/suivante following
à **suivre** to follow
un **supermarché** a supermarket
sur on
sûr/sûre sure
surfer sur Internet to surf the Internet
surtout especially
un **sweat** a sweatshirt
sympa nice, kind

ta your
un **tabac** a tobacconist's
un **tableau de jeu** a board (for a game)
une **tâche** a task
une **tante** an aunt
taper to type
tard late
plus tard later
la **télé** TV
une **télécarte** a phonecard
le **temps** the weather, time
le **temps libre** free time
une **tenue** an outfit
une **terminaison** an ending
terminer to end
tes your
le **thé** tea
le **thon** tuna
tiens! here!
timide shy
le **tir à l'arc** archery
un **titre** a title

toi you
les **toilettes** the toilet
tomber to fall, to land
ton your
une **tortue** a tortoise
tôt early
tôt ou tard sooner or later
une **touche** a button (on a phone)
toujours always
une **tour** a tower
touristique for tourists
tourner to turn
tout/toute/tous/toutes all
la **Toussaint** All Saints' Day
tracasser to bother, to worry
une **traduction** a translation
le **travail** work
travailler to work
travailleur/travailleuse hard-working
à **travers** across
une **traversée** a crossing
traverser to cross
treize thirteen
trente thirty
très very
triste miserable, sad
trois three
troisième third
trop too, too much
trouver to find
tu you (to a friend or close relative)

un/une a, an, one
utile useful
un **utilisateur** a user
utiliser to use

ça me va? does it suit me?
ça te va bien that suits you
il/elle **va** he/she goes
on **va ... ?** shall we go ... ?
on y **va** let's go
les **vacances** holidays
je **vais** I go

la **vaisselle** the washing-up
la **vanille** vanilla
une **vedette** a star
un **vélo** a bike
faire du vélo to go cycling
vendu(e)(s) sold
vendredi Friday
venir to come
je suis **venu(e)** I came
un **verbe** a verb
un verbe pronominal a reflexive verb
vérifier to check
véritable real
la **vérité** the truth
un **verre** a glass
vers towards
vert/verte green
une **veste** a jacket
les **vestiaires** changing-rooms
un **vêtement** an item of clothing
veuillez agréer l'expression de mes sentiments respectueux yours sincerely
ils/elles **veulent** they want
il/elle/on **veut** he/she/one wants
la **vie** life
c'est la vie that's life
ils/elles **viennent** they come
elle **vient de** she comes from
la **Vierge** the Virgin Mary
vieux/vieille/vieil old
une **ville** a town
aller en ville to go to town
en ville in town
vingt twenty
vite quickly
la **vitesse** speed
vive ... long live ...
vivement ... roll on ...
le **vocabulaire** vocabulary
un **vœu** a wish
voici here is, here are
ils/elles **voient** they see
voilà there you are
la **voile** sailing
faire de la voile to go sailing

voir to see
un **voisin** a neighbour
voisin/voisine neighbouring
une **voiture** a car
une **voix** a voice
à haute voix aloud
voler to steal
ils/elles **vont** they go
vos your
votre your
ils/elles **voudraient** they would like
je **voudrais** I would like
vouloir to want
vous you (to an adult you don't know well, or to more than one person)
voyager to travel
une **voyelle** a vowel
vous **voyez** you see
voyons let's see
vrai true
j'ai **vu** I saw

Y

y there
il y a there is, there are
ça y est! that's it!
un **yaourt** a yoghurt
les **yeux** eyes